广东省教育科研“十二五”规划2015年度重点课题
“教师梯度发展‘三教九流’模式校本培养研究”（课题批准号：2015ZQJK026）研究成果

卓越教师系列
主编 王林发

Physics

物理
创意教学解码

蒋承国◎著

江蘇鳳凰教育出版社
Phoenix Education Publishing, Ltd

图书在版编目（CIP）数据

物理创意教学解码 / 蒋承国著. —南京 ：江苏凤凰教育出版社，2020.12

ISBN 978-7-5499-7361-3

Ⅰ.①物… Ⅱ.①蒋… Ⅲ.①中学物理课—教学研究 Ⅳ.①G633.72

中国版本图书馆 CIP 数据核字（2018）第 109038 号

书　　名　物理创意教学解码
作　　者　蒋承国
责任编辑　黄　璟
出版发行　江苏凤凰教育出版社（南京市湖南路 1 号 A 楼　邮编 210009）
苏教网址　http：//www.1088.com.cn
照　　排　北京世纪鸿文制版技术有限公司
印　　刷　三河市九洲财鑫印刷有限公司
厂　　址　河北省三河市灵山大口
开　　本　787 毫米×1092 毫米　1/16
印　　张　12
版　　次　2020 年 12 月第 1 版
印　　次　2020 年 12 月第 1 次印刷
书　　号　ISBN 978-7-5499-7361-3
定　　价　35.00 元
网店网址　http：//jsfhjycbs.tmall.com
邮购电话　025-85406265，85400774　短信　02585420909
盗版举报　025-83658579

前言

“为什么我们的学校总是培养不出杰出的人才?”这就是著名的“钱学森之问”。钱学森认为“这么多年培养的学生，还没有哪一个的学术成就能跟民国时期培养的大师相比”“现在中国没有完全发展起来，一个重要原因是没有一所学校能够按照培养科学技术发明创造人才的模式去办学，没有自己独特的、创新的东西，老是‘冒’不出杰出人才”。要想在新时期培养出中国的“大师”，就必须改革中国的基础教育。中学物理课堂教学是基础教育的重要组成部分，是培养学生创新能力的主阵地。转变中学物理课堂教学观念，扬弃传统的教学模式，构建培养发明创造人才模式，培养学生的创新意识、创新思维、创新精神、创新技能，已是当务之急。

在35年的教学生涯中，我执着地从事物理创意教学研究，创意的核心内涵是勇于创新且行之有效。这一内涵在教学设计中表现出三个特征：第一，创新性特征。我尝试在平时的课堂教学和课外小组合作学习活动中，引入创造学中依据检核表法的原则提出创意发明思路的“创意十二诀”，即“加”“减”“扩”“缩”“变”“改”“联”“学”“代”“搬”“反”“定”。这种方法简明扼要、通俗易懂、容易记忆、便于操作，对启发学生创新意识，激发学生创造灵感，起到了很好的效果，给学生今后从事创造发明活动指出了路径，有利于培养学生的创意思维。第二，实践性特征。教学创意是教师长期教学实践积累到一定程度后，为了解决某一具体教学问题而突然感悟出的合理而有创意的想法或思路，可以充分发挥教师自身优势、展现教师个人魅力与风采。这也要求教师要做好实践和整理工作，因为思想的火花往往一闪即过，有了想法就要立刻记下来，尽快形成具体设计，然后在教学中检验，之后深刻反思，及时把创意的形成、实施、反思以案例的形式记录下来。只有在教学过程中养成及时反思的习惯，才能促进教师自身创意素质不断提升，最终促进物理创意教学改革质量和效益的提高。第三，高效性特征。一是教学效率高。学生是教学创意的主体，以“学生为中心”，着眼于学生未来的发展，培养学生的创新精神，促进学生的终身发展；激发学生的学习动机，培养学生的学习兴趣，促进学生独立思考；充分调动学生学习的积极性，促成快乐学习，达到低投入高回报的教学效果。二是教学效益佳。问题是点燃学生思维的火种，教学创意由一连串有趣的科学问题组成。把学生置于问题情境中，让他们去经历科学的探究，做到知识问题化、问题情境化。通过师生间的相互质疑、思辨、交流、合作、提炼、总结，让学生把握物理概念和规律的内涵，达到创意兴趣浓、学习习惯好、能力提升快、创新意识强、教学效益佳的目的。三是教学效果好。教学过程中多元互动，不只是“一对一”或“一对多”的师生互动、生生互动，还有学生与教学情境、教学内容、教材教辅、实验器材等之间的互动，每一条互动渠道都是一种学习途径，教师要激活多种互动渠道，通过多元互动促进知识高效生成，达到最佳教学效果。

当前，有一部分教师上课习惯凭经验进行教学，缺乏教学创意，一份教案或课件使用很多年；也有很多教师非常喜欢新的教学创意，但是往往听了别人的课后不顾学生、教学手段等的差异就完全照搬；也有一些教师曲解教学创意，认为只要形式上搞一些创新就是创意，结果在课堂上“贴满了创意标签”。其实，创意离我们并不远，教学情境、内容、方法、实验、设计等的有效的小改变都是创意。我们更要研究怎样激发创意，如何让我们的教学充满创意。我从物理创意教学概论、物理创意教学策略、物理创意教学设计、物理创意教学案例等几个方面，通过自主体验、感悟、类比、迁移最终完成了物理创意教学认知结构的建立。如今《物理创意教学解码》终于和读者见面了，我由衷地希望本书能给广大中学一线物理教师带来一缕春风，让“创意”化为“甘露”，滋润学生的心田，让学生保持开放的心态，体验创造的乐趣，产生独特的见解；让“创意”化作“翅膀”，成为学生放飞的动力，通过创设问题情境，自主合作探究，让学生的思维自由飞翔；让“创意”化作“灵动”，唤醒学生生命的活力，使其闪烁智慧的火花，促进生命的升华，呈现创意的精彩。

蒋承国

2019 年 6 月

目　录

第一章 物理创意教学概论

“创意”一词在《现代汉语词典》中解释为“提出有创造性的想法、构思等”。创意教学，可理解为在教学中进行创造性的构思，形成新想法、新思路、新方案，即用有别于传统教学的方法，通过各种有新意的活动，让学生亲身参与学习，并在生动活泼的学习过程中达成学习的目标。我追求的“物理创意教学”就是以先进的教育理念为指导，创设独具匠心的教学情境，调动学生的学习兴趣，激活学生的思维，引导学生沿着创意的足迹主动探究物理规律的起因及事物间的内部联系，从而领悟概念、规律的精髓，呈现一个惊喜连连、引人入胜、绽放活力、具有生命的创意课堂。我经历过农村重点中学和城市重点中学等不同类型的学校的教学，教过卓越班、实验班、创新班、地区班、重点班、基础班、弘志班、体艺班等不同类型的班的学生，为了实践创意教学法，我就像探险家一样，从一所学校走到另一所学校，从一个班走到另一个班。我的理论和实践研究表明，物理创意教学法与传统教学方法有很大的不同，其在概念、特征和要求上有着特殊的内涵和表现，是传统教学方法的变革和创新。

关于创意教学法的内涵，学界的研究主要集中在概念、特征、要求三个方面。学者臧霜和周涵从自己理解的角度，给创意教学法做出了明确的概念界定。臧霜认为：“创意教学法的内涵是在教学中为了实现课程（学科课程）所计划的教学目标，为了教授一定的教学内容，而制订的富有创造性想法、构思的，师生都必须遵循的原则性步骤。”周涵则认为，创意教学法就是“教师通过展现生动的教学方式，利用创造思考的策略，并结合现有的知识，让学生有应用想象力的机会，并以此来构建课堂的学习经历，激发学生的学习兴趣，以培养学生流畅、变通、独创及精密的思考能力”。学者刘惠从创意教学法的特征出发，梳理了创意教学法的内涵和要求，认为创意教学是兴趣教学、过程教学、问题教学和和谐教学，重视学习主体的经验，体现对学生思维的培养，有利于增强学生的学科知识应用能力和创新意识，有利于建立学生与教师的平等合作关系。学者刘鹏和曹娜则主要从创意教学的具体要求来描述创意教学法。刘鹏认为，创意教学需要让教学生动活泼、富有创意，以激发学生的学习兴趣，让学生有应用想象力的机会。曹娜则认为，创意教学法“要求教师只有在选择设计教学内容、教学模式、教学方法和教学手段上都具有创意性，才能引导、激发和培养学生的创意能力”。

关于创意教学法的运用研究，学界主要从宏观和微观两个层面展开。在宏观层面，学者刘惠从实施策略上对创意教学法的运用进行了研究，总结出“将熟悉的场景陌生化”“将思考的问题情境化”“将抽象的内容具体化”三条策略；周涵认为可以从体验式学习、脑力激荡法、六顶思考帽、角色扮演法和翻转课堂五种形式入手，运用创意教学法。在微观层面，由于物理是一门抽象性较强的学科，多数学生对学习物理知识兴趣不高，学习方法单一，对物理的规律性掌握不到位，感到物理难学。而教师运用创意教学法进行物理教学，能另辟蹊径，达到“柳暗花明又一村”的教学效果。

第一节　物理创意教学的理论基础

物理创意教学以赞科夫的教学与发展理论、布鲁纳的结构主义教学理论、瓦根舍因的“范例教学”理论为基础，强调物理创意教学除了教学方法的多样化之外，学习内容和过程设计也要多样化。创意教学时物理教师必须以智能为基础，充分运用巧思，将智能、用心与巧思三者有机结合，才能于教学过程中推陈出新。物理创意教学既是一门理论学科，也是一门应用学科；它既要研究物理教学内容、教学模式、教学方法、教学手段，进行富有创造性的设计，揭示物理创意教学的一般规律，也要研究解决物理教学实际问题的方法策略和技术。因此，物理创意教学理论来源于教学实践而又指导教学实践，与教学实践是相辅相成的辩证关系。

一、赞科夫的教学与发展理论

赞科夫是教育家与心理学家，他从 1957 年开始在小学教学范围内进行了“教学与发展”相关问题的实验研究，致力于探求新的途径，“以尽可能大的教学效果来促进学生的一般发展”。赞科夫根据心理学家维果斯基的“最近发展区”理论（所谓“最近发展区”，就是学生独立解决问题时的实际发展水平与在教师引导下解决问题时的潜在发展水平之间的区域），把学生在教学过程中的发展分为两个水平：一个是现有发展水平，即学生已经达到的，能够独立解决问题的水平；另一个是“最近发展区”，即在教师的引导和帮助下能达到的解决问题的水平，它介于学生潜在发展水平和现有发展水平之间。他认为：教学应为学生发展创造“最近发展区”，然后使学生的“最近发展区”转化为他的现有发展水平。他认为：“教学结构是促进学生发展的原因”“教学的结构是因，学生的发展是果；这种因果联系很重要，因为它能决定学生的发展进程”。

物理创意教学体现了赞科夫的教学与发展理论，运用发展的理论、发展的策略、发展的思想来设计物理教学，尊重学生个体差异发展，帮助学生进行高层次的思维和创意，引导学生主动参与，促使学生的“最近发展区”转化为其现有发展水平。

二、布鲁纳的结构主义教学理论

结构主义教学理论的创立者为美国著名的心理学家、新教学论思想家布鲁纳，他也是第二次世界大战后美国一位杰出的教育改革家。布鲁纳的结构主义教学理论较为明显地体现了时代精神，是第二次世界大战后美国大规模进行教育变革的产物，是心理学与教育学紧密结合的结晶。布鲁纳首先是一位心理学家，他对动物行为、人的感知觉、人对知识的理解与获得知识的过程等心理学问题皆有独特见解；他又是一位教育学家——一位出色的教学论专家，第二次世界大战后，他敏锐地将所专长的心理学理论与当时的教育教学问题相结合，深入研究人们关注的各种教学论课题，诸如智力发展、认知过程、课程编制、教学法改革、创意教学，等等，并提出许多有价值的思想，进而创立了结构主义教学理论流派，受到世界各国教育界的瞩目。布鲁纳的主要思想体现在他的三本教育代表论著中：《教育过程》《教学理论探讨》《教育的适合性》。西方教育界人士声称，《教育过程》是“有史以来教育方面最重要最有影响的一本书”，正是在这部“划时代的著作”中，布鲁纳阐明了结构主义教学理论的实质：学习就是建立一种认知结构，就是掌握学科的基本结构以及研究这一学科的基本态度和方法。为此，他提出著名的“三个任何”的观点，即任何学科的基本结构都可以用某种形式教给任何年龄的任何儿童。布鲁纳的教学思想主要表现在以下几个方面。

（一）学习和掌握学科的基本结构

布鲁纳认为，美国当时的中小学教学内容，由于受到杜威经验论的影响，片面强调具体事实和个人经验的重要性而忽视了理论知识的价值，因此不利于学生智力的发展。他主张提高教学内容的学术水平和抽象理论水平，让学生学习和掌握学科的基本结构，即“不论我们选教什么学科，务必使学生理解该学科的基本结构”。学科的基本结构，具体地讲，就是指每门学科的基本概念、基本原理和法则的体系。布鲁纳还认为，强调学科的基本结构的学习有以下好处：第一，懂得基本原理可以使学科更容易理解；第二，把所学的知识用完整的结构联系起来，有利于知识的记忆和保持；第三，领会基本的原理和概念，有利于知识的迁移和运用，达到举一反三、触类旁通的水平；第四，强调结构和原理的学习，可以缩小高级知识和低级知识之间的差距，有利于各级教育的贯通；第五，可以简化教学内容，将现实的极其丰富的教学内容精简为一组简单的命题或成为一种简单的结构。布鲁纳还认为，任何学科都有相当广泛的结构，而且任何与该学科有联系的事实、论据、观念、概念等都可以不断纳入一个处于不断统一的结构中；尤其是在物理这类高度抽象的学科中，更要有明晰的基本结构展示给学生。

（二）要组织螺旋式课程

学科的结构有较高程度的抽象性和概括性，因此，在组织以学科结构为中心的课程时，也有相应的要求。“教师在一门课程的教学进程中，应反复地回到这些基本概念，以这些基本概念为基础，直到学生掌握了与这些基本概念相适应的完全新式的体系为止。”具体地说，就是打破中小学和大学同一学科的界限，组织循环往复达到较高水平的螺旋式课程，使学科内容围绕基本结构，在范围上逐渐展开，在难度上逐渐加深。编制一个好的螺旋式课程应从三个方面着手：第一，课程内容的编排要系列化；第二，学科的知识结构要与学生的认知结构相统一；第三，要重视知识的形成过程。

（三）广泛使用发现法

要掌握学科的基本结构，就应想方设法使学生参与知识结构的发现过程，这种方法即布鲁纳提出的发现法。因此，结构主义教学理论与发现法是紧密相连的。布鲁纳提出的发现教学法的一般步骤是：第一，设置问题情境；第二，树立假设；第三，上升到概念或原理；第四，转化为应用的能力。结构主义教学理论的基础来自三个方面：心理学家皮亚杰的“发生认识论”、语言学家乔姆斯基的“转化—生成”说以及布鲁纳的认知结构理论。布鲁纳认为，知识是可以认识的独立存在的领域，人们追求知识的动因在于“经验”或“事物”内在的规律，而结构是外加的，由人塑造、形成、构建。知识可由各学科最出色的专家和学者构成连贯模式，并据此构建学生的知识。

布鲁纳的结构主义理论，尤其是布鲁纳倡导的发现法，在物理创意教学中得到了广泛的应用。发现法又称发现学习。日本心理学家大桥正夫在其著作《教育心理学》中提出：“发现学习就是以培养探究性思维的方法为目标，以基本教材为内容，使学生通过再发现的步骤来进行的学习。”因此，发现学习不同于科学家的发明创造，而是将原发现过程从教育角度进行再编制，成为学生可步步学习的途径。发现学习可激发学生的内部动机，使其了解问题的发现过程，掌握学科的基本结构，故在物理等自然科学学科中运用比较有效。

物理创意教学法在教学上提倡富有创意的教学设计，引导学生通过自己的主动发现来学习。要把学习知识的过程和探索知识的过程统一起来，使学生通过体验所学概念原理的形成过程来发展归纳、推理等创意思维能力，掌握探究思维的方法。其基本模式为：识别概念—形成概念—验证概念—分析思维。

1. 识别概念

教师向学生展示资料，在诱导性的问题情境中提出具体的事实，引导学生凭借已有的经验，通过比较来不断产生假设和检验假设。也可由教师引导学生围绕假设展开讨论，使他们将所获得的片段知识从不同角度加以组合，逐步形成统一的认知结构，使假设得以确定。

2. 形成概念

也就是把不确切的假设再上升到精确概念的过程，把学生带有主观色彩的、不确切的、未分化的假说上升到概念的高度。

3. 验证概念

教师提供各种事例要求学生辨认，证实或否定他们最初的假设，根据有无必要来决定是否修正他们对概念或属性的选择，通过应用培养他们的迁移能力。

4. 分析思维

学生分析他们获得概念所依据的策略，由学生叙述他们的思考过程，弄清并记住他们在这一过程中是如何思考的。

这一模式的作用在于：其一，可引起学生主动探究的要求，使他们产生内在的学习动机。因为当学生面临教师所提出的新奇的、未知的情境时，他们已有的思维方式往往会被打乱而产生混乱。为了消除这种混乱，他们就会产生探究的要求，从而开展积极的思维活动。其二，有利于学生迁移能力的形成，并可培养学生的创造精神。由于这种模式促使学生对其提出的假说要做出反应，并从中掌握怎样去重组信息，因此，可以培养学生的创造精神。

三、瓦根舍因的“范例教学”理论

20 世纪 50 年代初，世界科学技术迅猛发展，德国（当时为联邦德国）的各级学校为适应这种发展，不断扩充教材内容。教学中，教师只重视百科全书式的知识传授，学生则依赖于教师和教材，死记硬背那些零碎无系统的书本知识，导致教学质量不断下降。1951 年，在杜宾根召开的会议上，一些专家对此提出了尖锐的批评，指出，为了改变这种情况，培养出具有真才实学的人才，中小学教育改革首先要从教材改革开始，教材中要充实根本的、基础的、本质性的内容，能够使学生借助精选的教学内容和范例，来提高独立思考能力和判断能力。教育实践家瓦根舍因首创了“范例教学”理论，他认为，范例教学法的基本思想在于反对庞杂臃肿的传统课程内容和注入式的死记硬背教学方法，因为它实际上使学生对于知识往往是掌握得少，丢弃得多。该方法提倡要敢于实施“缺漏”教学，让学生学习最基本的、有可能一辈子都记住的东西。理由是，在科学技术快速发展、知识量剧增的情况下，要想什么都教，无异于是在从事一项毫无希望获胜的竞赛，而只有注重发展学生“有教养性”的知识能力，使之在这个基础上改变思想方法，主动地去发现知识的规则、原理、结构，才能使知识如滚雪球般扩展，使学生获得打开知识大门的钥匙。因此，范例教学法的目的在于培养学生在校内外活动中的独立性和主动学习的能力，养成独立地判断事物的能力。

（一）范例教学的基本原则

范例教学提出了多种教学原则，其中基本性原则、基础性原则、范例性原则是最基本的三条原则。

1. 基本性原则

基本性原则是针对学科内容而言的，是指教给学生的内容应当是一门学科的基本要素，如基本概念、基本原理和基本规律等，使学生掌握学科的知识结构，在教学内容上反对多而杂，力求去芜存精。

2. 基础性原则

基础性原则是针对受教育者而言的，它要求教学内容的选定必须从学生的身心发展实际出发，适应学生的智力发展水平和已有的知识经验，并与他们的现实生活和未来发展需要密切相关，使他们在获得基本经验的过程中认识社会科学、自然科学的种种实质性联系，使他们的智能得到发展。

3. 范例性原则

范例性原则是针对教学案例而言的，它要求范例是在日常生活素材中隐含着本质因素、根本因素、基础因素的典型事例。

（二）范例教学的基本要求

1. 基本原理

分析某个课题叙述和阐明了哪些重要的和带有普遍意义的内容，对这些内容的探讨可以使学生掌握哪些基本现象、基本原理、基本规律、基本概念以及方法和态度。

2. 智力作用分析

分析这个课题的内容对学生智力活动应起什么作用。通过分析，教师可以知道学生对他所要教的内容了解到何种程度，以便在教学中突出重点，有的放矢地采取必要措施，强化学生的智力活动。

3. 未来意义

分析这个课题的内容对学生今后的生活和发展有什么意义。如果让学生了解某些课题同他们今后的生活密切相关，那么这些课题的教学是比较容易进行的。或者教师可以采取相应措施，启发学生认识这些内容对他们未来的意义，从而调动学生学习的积极性。

4. 内容结构

分析这个课题的内容有哪些要素，这些要素之间的关系如何，是否分层次，教学内容的难点何在，学生通过学习应获得什么样的知识。

5. 内容特点

分析这个课题有哪些特点，哪些内容能引起学生的兴趣，可以通过哪些直观手段引导学生提出问题，布置什么作业能使学生有效地应用知识。

（三）范例教学的实施程序

范例教学主张用课题形式来代替传统的系统形式，这种课题的选择应当是发现的突破口，即通过它可以学习一些重要的基本知识。课题选定后，如何完成它的教学，范例教学理论专家们提出了种种设想，其中施腾策尔提出的范例教学过程四个阶段的设想具有一定的代表性。

第一阶段：范例性地阐明“个”。在这个阶段，教师利用典型的事例，具体直观地说明事物的本质，即通过事物的一个或几个特征来说明其整体特性，让学习者掌握事物的本质特征。

第二阶段：范例性地阐述“类”。在上一个阶段的认识基础上，教师对所获得的知识进行归类、整理，使学习者实现从“个”到“类”

的学习迁移，总结、掌握这一类事物的普遍特征。

第三阶段：范例性地理解规律性。教师进一步归纳探究，抽丝剥茧，使学习者将前两个阶段获得的知识提高到规律性的认识，掌握事物发展的规律性。

第四阶段：范例性地掌握关于世界性活动的经验。学习者在前三个阶段的基础上，获得关于世界的、生活的经验，从而更深刻地了解世界，最终认识自己，提升自己。

范例教学理论及范例教学方法源自德国，于20世纪80年代开始在我国传播，其中华东师范大学的李其龙教授首先在《外国教育资料》杂志上介绍了克拉夫基在华东师范大学的关于“范例教学”系列演讲内容，并在其后编译出版了系统介绍范例教学理论的《德国教学论流派》。多年来，许多教育工作者将范例教学法与中小学的学科教学相结合，进行了广泛的教学实践和深入的理论探讨，并产生了很多成功的案例。进入信息时代的今天，在教学领域中，教师们面临着海量的知识点和有限的教学时间之间的矛盾。教师不可能手把手地教会学生所有细枝末节的知识点；同样，学生在课堂上“填鸭”式地接受教学，课后死记硬背，造成了教得多、学得少，教学效果不理想的状况。运用范例教学法，教师在课堂上教授最基本、最基础的知识，教会学生创意学习的方法，然后再进行帮助和辅导；学生在课堂上只需要学习最简单、最经典的知识，掌握学习方法，在课后的时间里自主学习、自我探索，由此及彼、由表及里，能够获得尽可能多的知识。

物理创意教学法中体现了瓦根舍因的“范例教学”理论，物理创意教学法提倡把传授知识、发展智力和培养创造力结合起来，一改以往传统教学中只注重知识传递的“填鸭”方式，而是以学习者为中心，教师以引导者和帮助者的角色构思有创意的教学过程，激发学习者的学习兴趣，强化学习者的学习动机，培养学习者的学习能力。教师在教学过程中要注重学习者的实际情况，由易到难，由简到繁，帮助学习者更好地掌握知识。通过创意教学法，学习者不再对教学过程中的知识死记硬背和简单复述，而能够掌握规律性的知识，掌握学习方法，实现学习迁移和知识应用，获得自主学习、继续学习和独立研究问题、解决问题的能力。通过创意教学法，学习者的学习不再局限在课堂上，而是延伸到学习者的整个生活中，进行社会化学习和终身学习。

第二节　物理创意教学的现状分析

物理创意教学思想是根据现代教学论的一般发展原理提出的，是旨在通过创造性教学活动，唤醒学生的创新意识，激发学生的创造欲望，开发学生的创造潜能，塑造学生的创新品格，形成学生的创新能力和有效促进学生发展的一种教学思想。从中国知网搜索的信息来看，理论和实践研究成果不多，且多数应用在美术、语文和数学等学科中，在物理学科中的应用几乎还是空白。下面我从物理教师、学生和学校教育的角度来全面分析一下物理创意教学的现状。

一、物理教师队伍的现状

我通过问卷，调查了湛江市直属中学 118 位高中物理教师，其中：男性共 86 人，占比约 72.9%；女性共 32 人，占比约 27.1%。从学历上看，该市直属中学高中物理教师最低学历都是本科，还有约 8.5% 的教师学历为硕士，这说明该市直属中学高中物理教师的学历达标率为 100%。在 118 名教师中：具有中级和高级职称的为 92 人，所占比例约为 78.0%。这些都说明该市直属中学高中物理教师的专业水平和素质比较高，有利于高中物理创意教学的顺利开展和实施。在所调查的教师中：教龄在 5 年及以下的为 20 人，约占 16.9%；教龄在 6 ~ 15 年的为 64 人，约占 54.2%；教龄在 15 年以上的为 34 人，约占 28.8%。这说明该市直属中学高中物理教师以中青年教师为主，他们教学经验丰富、精力充沛，是该市开展物理创意教学的有利因素。

（一）物理创意教学实施的环境：教师对创意教学信心不足，家长未能积极参与

物理教师是物理创意教学的具体执行者，物理教师对创意教学的态度是一个重要的隐性条件。调查结果表明，约92.4%的教师对创意教学表示非常赞成或比较赞成，而约5.1%的教师持无所谓的态度，约2.5%的教师反对创意教学。在谈到物理创意教学的实施效果时，约5.1%的教师认为创意教学太理想化，和物理教学实际严重脱节；约24.6%的教师认为创意教学的理念很好，但实施效果不理想；约55.9%的教师认为在高考指挥棒指导下，创意教学可能流于形式；只有约14.4%的教师认为创意教学理念很好，实施效果也不错。从调查结果中我们可以看出，虽然绝大多数高中物理教师支持物理创意教学，但在中国目前的国情下，特别是在高考的压力下，教师们对创意教学的未来持不乐观的态度，因此要使创意教学顺利实施，必须加强高考制度与评价方式的改革。

物理创意教学关系到每一个家庭，需要每一个家庭的理解和支持。物理创意教学要求学生经常参加一些科学实践活动，开展一些跨学科的调查研究活动。例如，在选修模块2－2中，要求学生参观工厂，调查工厂中各种机械的应用情况；在选修模块3－2中，要求学生参观当地的小型电厂，了解发电过程，调查发电机的容量、居民用电和工业用电情况，撰写调查报告。这些活动都需要家长的理解和大力支持。如果家长不理解物理创意教学，他们可能会认为这些调查研究只会浪费孩子的学习时间，而对提高孩子的考试成绩毫无用处，从而反对孩子参加这些活动。调查结果表明，约2.5%的教师认为家长非常支持物理创意教学，约20.3%的教师认为家长对物理创意教学比较支持，约75.4%的教师认为家长对物理创意教学持无所谓的态度，还有约1.7%的教师认为家长不支持物理创意教学。这说明在物理创意教学中，家长的作用并没有得到充分发挥，家长在物理创意教学改革中仍是事实上的旁观者与局外人，甚至是反对者和阻碍者。家庭教育的影响是广泛而深入的，苏

霍姆林斯基说："如果没有整个社会首先是家庭的高度的教育素养，那么不管教师付出多大的努力，都收不到完美的效果。学校里的一切问题都会在家庭里折射反映出来，而学校的复杂的教育过程中产生的一切困难的根源也都可以追溯到家庭。"

（二）学校的物理教学设施情况：基本满足物理创意教学需求

学校的物理教学设施是开展物理创意教学的基础条件，也是直接影响物理创意教学顺利实施的重要因素。现代网络技术极大地丰富了物理课程资源，校园网络可以为物理课程资源的开发和利用提供有力支持。物理学以实验为基础，物理实验是物理教学的重要组成部分，拥有专门的物理实验室是顺利开展物理教学的必备条件。物理创意教学突出强调了科学探究的重要性，要求学生乐于探究，勇于实验，这就要求学校改变实验室的封闭式管理状态，建立开放式实验室。计算机已经显示出它在物理创意教学中的巨大发展潜力，成为物理教师进行物理教学的重要工具和手段。调查表明，湛江市直属中学中，100%的学校开通了校园网络，100%的学校有多媒体教室，100%的学校有图书馆，100%的学校有专门的物理实验室，约20.0%的学校建有学生开放式实验室。对于自己学校已有的教学设施是否满足物理创意教学的要求，受调查的高中物理教师中：约59.3%的教师认为完全满足，约25.4%的教师认为比较满足，约14.4%的教师认为基本满足，约0.8%的教师认为不能满足。总共有约99.2%的教师认为自己学校的教学设施能满足创意教学的要求，这可能与该市创建现代化学校有关。

（三）教师培训情况：培训面广，但效果不理想，未建立严格的监管制度

物理教师的素质是决定物理创意教学成败的关键。物理教师是物理创意教学的执行者，更是物理创意教学的开发者与创造者。《基础教育课程改革纲要（试行）》强调要加强教师培训，要根据创意教学需要，

采用多种培训形式，确保培训与课程改革推进同步进行，实现教师理念上的转变、理论上的升华、实践上的超越。培训可促进教师更快地接受、理解、适应新课程。

湛江市教育局根据“全员培训”和“先培训、后上岗，不培训、不上岗”的原则，从2016年开始对高中物理教师进行了新课程岗前培训。调查显示，约0.8%的教师参加的最高级别培训为国家级培训，约39.0%的教师参加的最高级别培训为省级培训，约52.5%的教师参加的最高级别培训为市、县级培训，约4.3%的教师参加的最高级别培训为校级培训，约3.4%的教师未参加任何级别的培训。在所有参加调查的高中物理教师中，总共有约92.4%的教师参加了市、县级及以上级别的新课程培训，但是仍然有约4.3%的教师只参加了校级培训，甚至有约3.4%的教师还未参加过培训。这说明该市市直属中学高中物理教师培训的范围比较广，但还应加强后继培训。对于培训的效果，约4.3%的教师认为很有收获，约40.7%的教师认为有较大收获，但有约47.5%的教师认为自己的收获较小，另有约7.6%的教师认为自己收获很少。这个调查结果表明，该市的物理新课程培训，只有约44.9%的教师认为自己收获较多，约55.1%的教师认为自己收获不多，培训的效果并不理想。通过对该市物理教研员的访谈得知，该市极为重视对高中物理教师的新课程培训，培训总共分为三个级别：国家级、省级和市级。

上述调查还显示：约65.3%的教师认为培训课程内容过于理论化，没有很好地结合物理教学实践；约29.7%的教师认为培训的教育理论没有考虑物理学科教学的特殊性；约11.0%的教师认为培训课程内容陈旧，未能体现时代性、前沿性；约14.4%的教师认为培训面过于狭窄。由此可以看出，内容过于理论化，没有很好地结合物理教学实践是高中物理新课程教师岗前培训中存在的最突出问题。在与教师的访谈中，许多教师反映，通过培训，感觉到自己学到了很多新课程改革知识和教育教学理论，但是回到学校，又感到力不从心，不知如何去真正地运用。对于最需要接受培训的内容，约 44.9% 的教师选择现代教育思想和教改趋势，约 75.4% 的教师选择先进教育教学方法，约 15.3% 的教师选择物理学科专业知识，约 44.1% 的教师选择与教育教学有关的心理学知识，约 14.4% 的教师选择多媒体使用与课件制作，约 28.8% 的教师选择物理学史与现代科技前沿知识，约 44.9% 的教师选择教科研与论文写作。约 44.9% 的教师选择现代教育思想和教改趋势、教科研与论文写作，说明教师已经有了从经验型教师向科研型教师转化的观念，迫切想要掌握教育科研方法；约 75.4% 的教师选择先进教育教学方法，约 44.1% 的教师选择与教育教学有关的心理学知识，表明教师更重视教学过程的培训，希望培训对物理教学有直接的指导作用，这一结论也是参加培训的物理教师的一种实用思想的反映。

（四）影响物理教师开展创意教学的主要因素

1. 实验设备不足

对于物理课本中的实验，受调查的高中物理教师中，约 71.2% 的教师带领学生全部做过，约 14.4% 的教师带领学生做过大部分，约 11.9% 的教师带领学生做过少部分，只有约 2.5% 的教师很少带领学生做实验。这说明绝大多数高中物理教师在物理教学中都重视物理实验，注意培养学生的实验动手能力。在谈到物理实验教学中遇到的主要困难时，约 45.8% 的教师认为学生基础薄弱，约 66.9% 的教师认为缺乏仪器，约 12.7% 的教师认为实验场地有限，约 51.7% 的教师认为时间不足，约 6.8% 的教师认为自己还缺乏专业的实验知识。对于解决这些困难的方法，约 58.5% 的教师通过学习或与同事交流来掌握实验所需的专业知识，约 30.5% 的教师通过自己制作或改造仪器来满足实验教学，约 75.4% 的教师通过播放录像或动画模拟来代替实际实验，约 26.3% 的教师通过口头讲授和板画代替实际实验，约 6.8% 的教师会向学生讲明实际情况，放弃实验。这个调查结果说明，绝大多数高中物理教师都会尽可能地利用各种实验资源来解决教学中遇到的困难。

2. 新课程资源开发不足

物理教科书是最基本、最重要的课程资源之一，该市各高中选用的是人民教育出版社出版的物理新教材。对于这套物理新教材，受调查的高中物理教师中：约 54. 2% 的教师认为更易于激发学生的学习兴趣，开阔学生的眼界；约 26. 3% 的教师认为更通俗易懂，适合于学生的自主学习；约 45. 8% 的教师认为留给了教师更大的教学空间，有利于教师发挥教学自主性；约 27. 1% 的教师认为知识的系统性较差，不利于学生对知识的掌握。在谈到使用物理新教材遇到的主要困难时：约 34. 8% 的教师选择缺乏相应的新教材指导，很难理解新教材的编写意图；约 32. 2% 的教师选择缺乏教具、多媒体和活动场所；约 11. 0% 的教师选择自己的专业知识和技能不足；约 47. 5% 的教师选择缺少高考指导资料，无法掌握教学的深度；约 74. 6% 的教师选择现有的考试和评价方式未变；约 34. 8% 的教师选择课时严重不足。物理创意教学要求教师成为课程资源的开发者，但该市的高中物理教师课程资源观还比较狭隘，很少有高中物理教师去利用科技馆、校外工厂和本地大学等校外教育资源。

二、学生学习物理的现状

物理创意教学指出，教学应强调学生形成积极主动的学习态度，使学生获得基础知识与基本技能的过程，同时成为学会学习和形成正确价值观的过程；还应倡导学生主动参与、乐于探究、勤于动手，培养学生收集和处理信息的能力，获取新知识的能力，分析和解决问题的能力以及交流与合作的能力。

（一）学生对物理创意教学的认识不足

学生作为物理创意教学的直接参与者，其参与的积极性和主动性将影响物理创意教学的效果。因此，要顺利地实施高中物理创意教学，必须有学生的积极参与和配合。关于学生对物理创意教学的认识情况，我调查了我任教的两个班的106位学生，约74.5%的学生选择能理解物理创意教学，约14.2%的学生选择基本理解，约11.3%的学生选择不清楚。这个调查结果表明，虽然物理创意教学已经在我班实施了两年多的时间，但仍有部分学生对物理创意教学并不了解。物理创意教学与学生的利益密切相关，需要学生的积极配合，关系到每一位学生的未来前途和命运。学校应当加大对物理创意教学的宣传，使每一位学生都了解物理创意教学，支持物理创意教学，并积极参与到物理创意教学中。

（二）学生对物理学习的兴趣一般

兴趣是最好的导师，是学生积极、主动学习的动力源泉。物理创意教学通过采用创新设计和强调科学探究等方式来激发学生的物理学习热情，使学生对物理保持较强的好奇心和求知欲，进而提高学生的物理学习兴趣。调查显示，我班的106位学生中，约17.0%的学生对学习物理很感兴趣，约42.5%的学生对学习物理感兴趣，约36.8%的学生对学习物理的兴趣一般，约3.8%的学生对学习物理没兴趣。总共有约59.4%的学生对物理学习感兴趣或很感兴趣，这说明大部分学生都喜欢物理这门学科。物理教师在课堂教学中，要注意采用多种方法进一步提高学生对物理的学习兴趣。

（三）学生的学习行为和方式

物理创意教学要求教师在教学过程中注重培养学生的独立性和自主性，引导学生质疑、调查和探究，使学生乐于探究，勇于实验，勤于思考，学会自主学习、合作学习和探究学习。教师要通过多样化的教学方式，帮助学生学习物理知识与技能，培养学生的科学探究能力，使其逐步形成科学态度与科学精神。在我任教的两个班的物理课堂教学中：约25.5%的学生思维活跃，边听教师讲课边自己思考；约49.1%的学生能一直认真听讲，但只能被动接收教师讲的知识；约18.9%的学生只能在部分时间认真听讲；约6.6%的学生难以集中注意力，思想常开小差。约 11. 3% 的学生经常在课堂上主动提问；约 72. 6% 的学生在课堂上偶尔提问；约 9. 4% 的学生很少在课堂上提问；约 6. 6% 的学生想提问，但没有机会。这个调查结果表明，物理教师在课堂教学中，要真正体现学生的主体地位，充分发扬教学民主，让学生作为一个平等的学习主体参与课堂讨论；要尽可能多地为学生提供说的机会，注意倾听，及时鼓励；使学生有主动与他人合作的精神，有将自己的见解与他人交流的愿望。具有团队精神是物理创意教学的一个重要目标。在遇到物理难题时：约 22. 6% 的学生通过独立思考，查资料解决；约 19. 8% 的学生会求助于教师；约 51. 9% 的学生会与同学交流讨论，共同解决；约 5. 7% 的学生会放弃不理。这表明，随着创意教学的开展，学生合作的意识和能力都有所增强。良好的学习习惯对于提高学生的物理学习成绩，促进学生的快速发展非常重要。调查显示，约 1. 9% 的学生每节物理课都会进行课前预习和课后及时复习，约 9. 4% 的学生经常这样做，约 62. 3% 的学生偶尔会这样做，约 26. 4% 的学生没有对物理课进行预习和复习的习惯。只有约 11. 3% 的学生能做到经常课前预习和课后及时复习，这说明大多数学生没有形成良好的物理学习习惯。反思是学生对自己的学习过程的自我监控与调整，对于培养学生的自主学习能力，养成良好的物理学习习惯非常重要。教师要引导学生养成良好的学习习惯，培养学生的自我反思意识和能力。

（四）学生的物理学习方法和课堂学习方式

科学的学习方法和学习策略可以有效提高学生的物理学习效率，使学生的物理学习取得事半功倍的效果。对于自己现在的物理学习方法，106 位学生中，约 5. 7% 的学生表示很满意，约 24. 5% 的学生表示比较满意，约 45. 3% 的学生认为一般，约 24. 5% 的学生表示不满意。对于如何改进自己的学习方法，约 60. 4% 的学生希望教师给予指导，约 29. 3% 的学生希望与同学交流，约 10. 4% 的学生希望通过自己摸索领悟。总共只有约 30. 2% 的学生对自己现在的物理学习方法表示满意，这说明教师在课堂教学中应加强对学生学习方法的指导，使学生掌握适合自己的、科学的学习方法，学会制订科学的学习计划，学会自主学习。

对于自己在物理课堂中的主要学习方式：约58.5%的学生选择听教师讲授；约24.5%的学生选择与同学或教师相互探讨；约2.8%的学生选择动手实践和探究；约5.7%的学生选择自学为主，教师辅导为辅；约8.5%的学生选择大量书面练习。对于自己最喜欢的物理学习方式：约14.0%的学生希望以教师讲授为主；约35.9%的学生希望同学相互合作，讨论交流；约34.9%的学生希望亲自动手实践和探究；约13.0%的学生希望自学为主，教师辅导为辅；约1.9%的学生希望进行大量书面练习。这个调查表明，学生期望在物理课堂上自己能有更多动手实践和探究的机会以及与同学一起讨论学习的机会。物理教师应改变自己的课堂教学模式，把更多的课堂时间交还给学生，引导学生开展合作学习和探究学习，使学生真正成为学习的主人。

（五）学生对物理新教材的看法

《普通高中物理课程标准（实验稿）》指出，物理教科书应为学生的自主学习创造条件。教科书首先要为发展方向并不相同的所有选课学生奠定必要的共同基础，同时也要以适当形式对饶有兴趣且学有余力的学生提供更多的可供选择的学习内容，从而满足学生的不同学习需求，促进学生自主地、富有个性地学习。调查显示，约4.7%的学生认为物理新教材非常适合自己的创意学习，约38.7%的学生认为比较适合自己的创意学习，约38.7%的学生认为物理新教材一般，约17.9%的学生认为物理新教材并不适合自己的创意学习。这表明，大部分学生对新教材表示认可，而约17.9%的学生对新教材持不肯定态度，说明新教材可能还有不足和需改进之处。

《普通高中物理课程标准（实验稿）》要求教科书的呈现形式要生动活泼、图文并茂。对于物理教材中最喜欢的栏目，约25.5%的学生喜欢课本中的插图，约 17.9% 的学生喜欢“思考与讨论”，约 2.8% 的学生喜欢“做一做”和“说一说”，约 3.8% 的学生喜欢“STS”，约 50.0% 的学生喜欢“科学漫步”。这表明学生主要对生动有趣、富有启发性和科普性的内容感兴趣，新教材在这一方面的改进比较成功。

《普通高中物理课程标准（实验稿）》提出要促进学生自主学习，让学生积极参与、乐于探究、善于实验、勤于思考。但是，如果没有相应的物理课程资源的支持，物理课程标准的要求就不可能得到满足。对于学习物理知识的主要途径，除了教材外，约 77.4% 的学生选择物理辅导书，约 21.7% 的学生选择报纸和杂志，约 24.5% 的学生选择网络，约 12.3% 的学生选择图书馆，约 47.2% 的学生选择与他人交流，约 18.9% 的学生选择自己做实验。这说明，学生主要通过教材和辅导书以及与他人交流来获取物理知识。图书馆本应是学生学习物理知识的一个重要途径，但它并没有发挥出应有的作用。学校今后应重视对图书馆的建设，丰富物理课程资源。

（六）学生对物理实验课的态度

物理实验是物理学科的重要组成部分，它能使学生获得丰富的感性认识，加深学生对物理概念、原理和定理的理解，能让学生体验科学探究的过程和方法，是培养学生科学素养的重要渠道。新课程要求教师教学时突出物理学科特点，充分发挥实验在物理教学中的作用。

对于物理实验课，约 26.4% 学生很喜欢，约 44.3% 的学生比较喜欢，约 26.4% 的学生兴趣一般，约 2.8% 的学生不喜欢。总共有 70.8% 的学生对物理实验课感兴趣，说明大部分学生都喜欢亲自动手操作和探究。调查显示，约 5.7% 的学生做过教材中的全部实验，约 53.8% 的学生做过教材中的大部分实验，约 25.5% 的学生只做过教材中的少部分实验，另有约 15.1% 的学生很少做实验。这个调查结果表明，在今后的课堂教学中，教师要加强对物理实验的重视程度，要充分利用物理实验来调动学生学习的积极性，激发学生学习物理的兴趣，多给学生动手实践和探究的机会。

三、学校物理课堂的现状

学生从初中进入高中，在学习物理时要完成从形象思维到抽象思维、从定性分析到定量计算的转变，这一转变跨度很大，一些学生达不到这个要求，他们感到高中物理难学，少数学生由于承受挫折的意志力薄弱，丧失了学好物理的信心。实际上，学生可能不是真的讨厌物理，他们只是讨厌教师教授物理的方式，他们讨厌的是学习物理时那种苦苦挣扎的无力感和无助感。学生认为物理难学，是因为教师沉闷的课本讲解、大量的作业和严厉的训话扼杀了他们对物理的学习兴趣。当前的高中物理课堂教学现状令人担忧，教师苦教，学生苦学，教学的效果与教师和学生付出的辛苦不成正比，课堂教学低效或无效。物理课堂教学效率不高主要表现在：一是由于教学设计陈旧、死板、传统，教师不敢组织学生开展合作、探究、讨论等学习活动，教师唱“独角戏”，滔滔不绝、没完没了地讲，采用时间战术和“题海”战术，不仅浪费了学生的大量时间，加重了学生的学业负担，还导致学生学习的依赖性，学习能力得不到发展；二是为了突出学生的主体地位，提高学生的学习能力，在师生互动的新教育理念下，课堂上学生学得热闹非凡，宝贵的教学时间在教师毫无启发性的提问与毫无创意的课堂设计中流失了；三是面对一些缺乏学习动力和学习基础差的学困生，由于缺少行之有效的创意，不能激发他们内在的学习兴趣，许多宝贵的时间在教师整顿学生纪律和维持课堂秩序中流失了。另外，受高考指挥棒的影响，学生变成了刷题的机器，通过一题多变和一题多解不停地做题，进行大量的重复劳动来提高应试能力，学生的创新能力没有得到培养和提高。

第三节　物理创意教学的教师素养

通过对教师调查问卷和学生调查问卷的分析，我推广的物理创意教学改革自2006年开始实施以来，已经取得了一定的成效，但是也暴露出了许多问题。要想进一步推进物理创意教学改革，必须及时有效地解决物理教师的素养问题。

一、教师要认真学习物理创意教学理念，加深对物理创意教学的认识

物理创意教学对教师提出了新的教育教学要求：教学要面向全体学生，因材施教，使每一个学生能了解多姿多彩、与人类生活息息相关的物理知识，并能形成持续的物理学习兴趣，体会到成功的喜悦；要帮助学生理解物理在生活、生产以及社会发展中的应用，使学生学会用物理的视角去观察和认识生活、科技和社会生活中的有关问题，培养学生的社会参与意识和对社会负责任的态度；要通过多样化的教学方式，帮助学生学习物理知识与技能，培养学生的科学探究能力，使其逐步形成科学态度与科学精神；要帮助学生认识自我、建立自信，促进学生在已有水平上发展。

物理教师要认真学习创意教学的知识与理念，建立符合创意教学要求的新的教育教学观念。教师要从传统的知识传授者这一角色中解放出来，做学生全面发展的指导者、合作者，做学生学习过程的支持者、帮助者和促进者。教师要以各种方式调动学生参与各种物理学习活动的积极性，在教学活动中注重与学生的交流，关注学生的差异，引导学生在学习活动中进行自主、探究、合作学习。

二、教师要努力完善知识和能力结构，提高应对物理创意教学的能力

第一，物理教师要具有较强的自主学习能力。物理教师要紧跟现代科技发展的节奏，不断汲取其他自然科学知识与人文科学知识，不断更新、完善自身的知识结构，构建富有现代物理学和现代教育学的、符合创意教学的知识结构。

第二，物理教师要具备较强的物理实验能力，包括实验的设计、操作、开发与创新能力，以及指导学生实验的能力。物理是一门以实验为基础的学科，物理创意教学要求教师突出物理学科特点，发挥实验在物理创意教学中的作用。

第三，物理教师要能熟练掌握现代教育技术手段，运用信息技术构建新的教学方式。教师要学会通过网络进行物理课程资源的开发和利用，以充实物理课程内容，拓展学生的视野。

第四，物理教师要具有一定的科研能力。物理创意教学要求教师成为专家型、学者型的教师，要善于从自己的教育教学实践和周围发生的教育现象中发现问题、思想、方法等，进行多方面的探索和创造。

第五，物理教师要具有较高的教育能力，包括对学生进行个别教育、集体教育、组织、管理、协调等的能力。教师要努力学习和掌握教育学和心理学的相关理论。

第六，物理教师要有开发课程与资源的能力。物理创意教学要求教师转变传统的教材观，要由“教教材”变为“用教材”，要有对新教材进行加工处理的能力。创意教学的一大宗旨是“为了每一位学生的发展”，要求教师开发多种多样的地方课程和校本课程，所以教师还要有开发物理课程和资源的能力。

此外，物理教师还应该掌握科学的评价体系和现代化的管理知识，要能对学生做出科学、公正、合理的评价。只有这样，才能使学生真正认识到自己的优点和不足，才能真正实现学生全面、和谐、健康的发展。

三、教师要积极开展教学反思，促进物理创意教学效益的提高

为了使自己能达到物理创意教学的要求，胜任创意教学下的物理课堂的教学工作，物理教师首先要反思自己已有的物理知识和教育教学能力，并和创意教学要求的知识与能力进行对照，找出自己的薄弱与缺失之处，然后采取各种方法来完善自己的物理知识结构，提高自己的教育教学能力。教师可以针对自己的知识和能力的不足之处，加强对理论知识的学习和能力的锻炼，学习有关创意教学的教育教学理论，也可以积极参加各种培训学习，如全市的统一培训和暑期的继续教育培训以及校本培训、研究生课程班等。此外，物理教师还可以在职攻读教育硕士。只有通过不断的培训学习，教师才能紧跟时代步伐，满足时代的要求，为国家培养出高素质的建设者和接班人。物理教师积极开展教学反思对其尽快适应物理创意教学意义重大。只有让教师在教学过程中养成反思的品质，才能促进教师自身素质不断提升，最终促进物理创意教学改革质量和效益的提高。教师进行自我教学反思，最重要的是要认识到反思意识的重要价值和反思能力对自身成长的意义，并掌握一定的反思方法，养成良好的反思习惯。

教师在物理创意教学中开展自我反思，可以采用以下方法。

（一）理论学习法

教师在创意教学实践中遇到问题时，要进行系统的理论学习，因为实践的困惑和迷茫反映的正是自己对理论理解的浅陋和偏离。教师要将从实践中反映出来的问题上升到理论层面加以剖析，寻根问底，“系统的理论分析可以帮助教师审视那些教学中的直觉判断和缄默知识，帮助教师认识和理解自己的行为和思想，而且还可以为他们的实践提供多种可能，增强他们清晰地陈述自己行为的理论基础”。通过对理论的学习和思考，教师可以真正理解物理创意教学的意义，启迪自己的思想，增强自己的理性智慧，改进自己的教学实践。

（二）反思日记法

即教师将物理创意教学过程中的一些感触、思考或困惑记录下来，并在此基础上对其进行分析，以厘清思路、提高认识、改进教学。教师在撰写反思日记时，不仅要从教材内容、课堂结构、教学方法、教学设计等方面挖掘亮点，同时也要寻找不足。写日记的过程就是教师对教学进行反思的过程，是教师在用自己的理性思考评判自己的教育教学行为，解决教学过程中的种种问题的过程。此外，教师还可以利用互联网的优势撰写网络反思微博。微博具有在线共享功能，教师可以在微博上与参与者相互交流，发表自己的观点，听取他人的意见和建议。

（三）观摩分析法

观摩录像分为观摩自己的创意教学录像和观摩他人的创意教学录像。教师观摩自己的课堂教学录像，可以获得更加真实详细的教学活动记录，捕捉教学过程的每个细节。教师可以作为观摩者审视自己的教学，改变自己的教学行为，提高自己的教学技能。教师观摩别人的教学录像，尤其是一些同学科中优秀教师的教学录像，可以学习别人的优点，发现自己教学中的不足，找到解决问题的方法。除了观摩录像之外，教师还要积极参加校内或上级部门举行的公开课、示范课，也可以与其他教师互相观摩彼此的教学并交换意见，以求共同进步。

（四）学生反馈法

课堂教学是由师生双方组成的双边活动，“了解学生对教学的体验是一个教师做好工作所需要的基本的、首要的知识，没有这些知识，所有的教育技能都将失去意义”。学生对教师的教学有自己独到的见解，他们从自己的实际需要、兴趣、爱好出发，对教师的教学方法、教学内容、教学进程、课程安排及课堂组织形式等进行评价。教师可以通过问卷调查和召开座谈会等方式了解学生的意见，了解自己教学上的闪光点与不足，更深入地了解学生的真实感受和需要。

第四节　物理创意教学的常用模式

物理创意教学的核心是创意，教学的内容是创意的，教学的方法也是创意的，它在本质上不同于经验性的教育或感性活动的常识教育。物理创意教学要求学生系统地学习物理基础知识，学习和掌握物理基本技能，进行动手和实践能力的训练，培养追求真理、探索、创新、献身科学为人类造福的科学精神。物理创意教学的教学模式遵循科学的认识论路线，理论联系实际，重视创意，重视观察、实验、操作和社会实践。

一、模式构建的理论基础

建构主义学习论认为，知识不是被动地接收，而是由认知主体积极地建构的，认知的功能是适应外部世界而不是发现客观事实。在教学上，它强调学生的主动性和自主性，重视学生的已有知识对学习的影响，提倡学生之间、师生之间的交流和对话，学科教学中尽量让学生有时间、有机会表达自己的见解，提出自己的观点，通过讨论、争辩形成统一的认识。在吸收建构主义学习理论，充分考虑信息技术与物理教学相结合的基础上，我们提出了“物理创意教学的常用模式”。在以这种模式为指导的教学中，我们尽可能地创设能从不同方面、不同角度表现学生学习自主性的多种情境，以使学生在自主探索过程中随意进入其中的某一问题进行假设，然后围绕该问题展开进一步的合作探究，通过实验和逻辑推理对假设进行论证，根据论证的结果发现物理规律，从而突出学生的主体性，让学生在对知识的构建中实现综合能力的提高。

二、模式构建的基本观点

为什么说学生能创意？这是因为学生有既有的知识结构，又有对新知识同化和顺应的思维属性。学生在学习新课时，头脑里并不是空白的，他们已经储存了许多旧知识和生活经验，也就是说，新课对学生来说并不完全陌生，而是“七分熟，三分生”。这样，学生便可以利用“七分熟”的旧知识作为基础，去创意学习“三分生”的新知识。由此可见，作为教师，必须懂得一个简单而重要的道理，即学生是人，而人是有自我意识的。学生的头脑里不是空白的，而是已经具有错综复杂的知识结构，已经积累了许多生活经验，这是学生能创意的基础，也是创意教学能够实施的根本。为什么说学生的创意能成功呢？在前面对创意教学的界定中我们已经阐明，创意教学是一种利用创造性思维的策略，它有教师的指导，是有指导的创意；创意任务是完成教材中一定的教学目标，而教材是按照由浅入深、循序渐进的原则编排的，这就为学生在原有的知识基础上创意解决新课题创造了条件。因此，在创意教学过程中，教师只要创设一定的教学条件，学生的创意活动便能够取得成功。当然，创意也有可能发生错误，避免的关键在于教师是否创设了一定的教学条件。在学生发生错误的时候，教师要及时矫正和指导，给学生第二次创意的机会，促使其成功。所以，从总体上看，创意教学是能取得成功的。

三、模式构建的主要特征

（一）创意教学是兴趣教学，重视学习主体的经验

教师选择课堂情境或者教法时要针对学生的特点，了解学生的生活经验，并要结合教学目标来设计教学情境。将枯燥的文字、数字转化成学生本身的生活经验，把知识作为解决生活问题的工具，易触发学生的兴趣点，调动学生学习的主动性，使学生饶有兴趣地在问题解决的过程中自然地接受和应用知识，突破教学的重难点。

（二）创意教学是过程教学，体现对学生思维的培养

创意教学不是简单的情境教学，它是针对教学目标，对一个情境反

复加以系列化改造的逐步优化的过程。在此过程中，教师针对学生的原有基础与经验，有意识地让学生陷入新的知识困境，让学生经历新的认知冲突，不断感受学习的过程，最后经过自己的思考得出结论。创意教学正是通过活动体验逐步达到揭示学科教学规律、结构及相互关系的目的的。学生创造性地思考问题、解决问题，对学生创造性思维能力的培养也是行之有效的。

（三）创意教学是问题教学，有利于增强学生的学科知识应用和创新意识

创意教学注重对知识的形成与应用过程的传授。创意教学活动就是知识的具体化，而创意教学正是让学生在具体生活情境的不断变换中感受知识在不同情境中的实际应用，又在实际应用中解决生活中的具体问题。如果教师长期用学科的眼光关注生活，将对学生的实践精神产生潜移默化的影响。因此，创意教学能更典型、更具体地培养学生分析问题和解决问题的实践能力。

（四）创意教学是和谐教学，有利于建立师生的良好人际关系

创意教学的顺利进行需要师生良好人际关系的构建。在紧张、闭塞甚至敌视的教学氛围中是很难产生创意的。良好的师生关系是创意教学的前提，而随着教学的逐步开展，创意教学则能滋润环境，使氛围更温馨。因此，实施创意教学的过程无形中会成为师生之间、生生之间相互了解、沟通和关怀的润滑剂。

四、模式教学的实施流程

物理创意教学流程可以表述为“创设情境—提出问题—自主探索—合作探究—创意分享—再次创意”等教学环节。

（一）创设情境

这一步是学生创意活动的准备阶段。让学生对解决创意设计所需的

基础知识先进行准备学习，然后采用“以旧引新”的办法，发挥旧知识的迁移作用，为解决创意教学设计铺路架桥，营造情境氛围。

（二）提出问题

教师可以向学生展示丰富的资料，激发学生的创意兴趣，激活学生的创意思维，给学生的创意活动提出任务，让学生进入问题情境之中，引导学生凭借已有的经验，通过比较，不断产生假设、检验假设。教师也可引导学生围绕假设展开讨论，使他们将所获得的片段知识从各种不同的角度加以组合，逐步形成统一的认识结构，提出富有创意的问题或构思。

（三）自主探索

这一步是让学生在创意活动中自己探索解决问题。学生提出问题后，产生了较强的好奇心和解决问题的愿望。这时，教师一方面要引导学生自学课本，掌握解决问题的理论知识；另一方面要通过演示实验、分组实验和提供各种事例让学生实践探究，证实或否定他们最初的假设。让学生通过创意活动逐步达到揭示物理规律、结构及相互关系的目的，达到培养创造性思维能力、迁移能力的目的。

（四）合作探究

这一步是学生创意活动的重要环节。学生完成自主探索后，会遇到许多困难，学习小组内可互相帮助，展开讨论，设计实验进行合作探究。探究的问题应当具有一定的难度和挑战性，学生通过自主学习一般无法完成或无法较好地完成；要尽可能多角度设问，由易到难、由浅入深、由表及里，要环环相扣，具有阶梯性，以不断拓展学生思维的广度和深度。问题设计要围绕教学重点，有利于学生突破教学难点。问题数量要适度，各问题之间要有一定的关联性。通过合作探究，充分发挥创意活动的功能，可以促进学生有效地学习。在学生合作探究过程中，教师要多巡视，以便及时了解学生探究的困难之处，以便之后能有针对性地讲解。

（五）创意分享

学生完成问题探究后会有许多感悟迫切希望与同学们分享，同时学生也迫切需要知道自己提出的问题是否具备创新性，迫切需要教师的讲解。此时，教师针对学生在合作探究中感到困难的地方，在分享过程中疑惑、创新的地方重点进行讲解，可以帮助学生系统掌握知识。

（六）再次创意

这一步是给学生“再射一箭”的机会。在第一次的创意设计中，有的学生可能做得不够好，经过学生讨论和教师讲解后，得到了反馈矫正，其中大部分人会有所领悟。为了进一步了解学生掌握新知识的情况，把学生的认知水平再提高一层，应该让学生进行再次创意设计。再次创意设计对中等生、学困生特别有利。第二次创意设计不能同第一次相似，否则就失去了意义。第二次创意设计后，教师可进行补充讲解。

以上六步是一个有机整体，反映了物理创意教学完整的流程，它是一个有序的、可控的教学系统。这六步中，第一步是准备阶段，第六步是引申阶段，中间四步是主要环节。该流程为教师合理组织教学过程提供了可遵循的科学程序，但是教学情况是各不相同的，生搬硬套一个流程是不科学的。因此，以上六步的基本操作流程并不是固定不变的，教师应该根据不同的教学内容、不同的学生情况以及教学条件的变化而灵活应用。

第五节　物理创意教学的实践路径

物理创意教学是物理教师通过一系列的创意构思促进学生取得高水平成就的教学，它就是要最大程度地发挥课堂设计的创意功能与作用，在规定时间内完美地实现物理教学三维目标的整合，以求得课堂教学的最高效益。华东师范大学的叶澜教授用八个字——平实、真实、丰实、扎实来形容高效课堂。物理创意教学高效课堂有三个指向：一是教学效率高，即投入低，取得效果优；二是教学效果好，即教学活动结果与预期吻合，达成度高；三是教学效益佳，即课堂上学生学习兴趣浓，行为习惯好，能力提升快，创新意识强，可以获得好的效益。物理创意教学的高效课堂的特征：一是学生主动。物理创意教学高效课堂中学生是教学的主体，教师要以“学生为中心”，着眼于学生未来的发展，培养学生的自主学习能力和创新精神，促进学生的终身发展。教师要通过开展自主学习、合作学习、探究学习，不断地让学生提出各种猜想和假设，让学生积极参与课堂教学，变被动学习为主动学习，变“要我学”为“我要学”，从而帮助学生塑造主体人格，即承认自我、相信自我、尊重自我。二是教师导动。在物理创意教学的高效课堂上，教师要从过去知识的传授者这一核心角色中解放出来，注重引导学生，通过创设丰富的教学情境，激发学生的学习动机，培养学生的学习兴趣；通过对整个教学要素的控制，对学生学习过程的干预，激发学生自主学习、独立思考，鼓励学生保持开放的心态，进行创造的体验，产生独特的见解。三是创意驱动。创意是物理创意教学高效课堂的核心，问题是点燃学生思维的火种，物理创意教学高效课堂就是由一连串有效、科学的问题组成的。物理教师把学生置于问题情境中，让他们去经历智力的探险；将物理知识转化为物理问题，把问题融于情境中，做到知识问题化、问题情境化，以问题为导引，用针对性强、层次鲜明、目的明确的问题驱动课堂。在问题驱动下，师生间相互质疑、思辨、交流、合作、提炼、总结，进而把握概念的内涵，掌握物理规律及研究方法。四是多元互动。物理创意教学高效课堂教学中的互动不只是“一对一”或“一对多”的师生互动、生生互动，还有学生与教学内容、物理实验、教学情境之间的相互作用，每一条互动渠道都是一种学习途径。在课堂教学中，教师激发学生人人参与，激活多种互动渠道，通过多元互动促进学生知识高效生成，能力迅速增长，情感快速升华。

物理创意教学对高效课堂具有深远的影响。物理教师作为课堂教学的组织者，怎样帮助学生确定创意内容，指导学生找到最佳学习途径，指导学生养成良好的学习习惯，创造生动有效的学习情境，诱发学生学习的主动性，为高效课堂教学的第一要素。物理教师作为课堂教学的引导者，要引导学生走进教材，“把书读厚，由厚再读薄”，引导学生的创新思维，重点培养学生的创新意识、创新精神、创新能力，做到以新引思，以思促新，给学生的思维一个比较大的空间，引导学生掌握知识。物理教师作为课堂教学的合作者，要走进学生的学习活动中，和学生一起创意学习、探究、倾听，在参与的过程中，教给学生学习和沟通的技巧，实现真正意义上的课堂互动，真正创设民主、平等、宽松、和谐的学习环境，让学生感到自己在这个环境里是安全的、自由能动的，能与同学、教师甚至教材平等对话。在这个过程中，师生、生生分享彼此的思考、见解和知识，交流彼此的情感、观念和理念，实现教学相长。创意教学让学生的思绪在课堂教学中自由自在地飞翔，使课堂教学效率的提高得到根本的保证，使学生在课堂教学中不仅获取知识，更拥有一种精神、一种立场、一种态度、一种不懈的追求。

那么，实现物理创意教学的路径有哪些呢？

一、教师人格魅力是实现物理创意教学的前提

物理教师的人格魅力是影响创意教学的前提因素。身正为师，德高为范。物理教师要以人格塑造人格，平等对待每一个学生，关爱学困

生，做到爱岗敬业、乐于奉献、严谨治学、和蔼可亲、爱生如子，这样学生才会发自内心地尊重和敬爱教师，教师才能走进学生的心灵。教师通过自身的人格魅力产生极强的感召力，以热爱与奉献相结合的价值观，高度认真负责的工作观，关爱、平等、信任的学生观，以身作则、严于律己的处世观，诲人不倦、学而不厌的治学观影响和感召学生，培养和塑造学生健全的人格，从而获得学生的尊敬、拥护、喜爱。亲其师，才能信其道。良好的师生关系是实现物理创意教学的前提。

二、教师知识的专与博是实现物理创意教学的关键

物理教师知识的专与博是指教师对所教的物理学科知识有既全面又具体、既概括又细致、既整体又部分、既高度又基础的了解和掌握。教师既要整体概括地掌握教材，了解整个学段的知识内容体系，又要把握每个单元的知识结构，掌握每一章节的内容，做到胸有成竹。新课程标准提出的三维目标中的第一目标就是知识与能力目标，知识是基础，离开了知识就谈不上能力与素质的提高。能力是在知识掌握、内化、运用的过程中形成的，而素质是知识的积淀和升华。要让学生了解知识、掌握知识、学会知识，教师知识的专与博是前提。物理教师要站在一定的高度把握教材，跳出所在的学段，站在学生未来发展的角度用好教材，要使教材与科技和社会的发展相结合，使教材与当今的生活相结合，推动学生学以致用，培养学生的创新思维和创新能力。除了知识的专与博外，教师还必须要了解学生的心理特点，摸清学生的知识和能力，掌握学生的认知程度，更加关注学生的学。实施新课程改革，教学要一切从学生的实际出发：变过去的以“教材为本”为针对学生实际的“用好教材”；变课堂教学中教师要“教会学生”为教学更主要的是让“学生学会”；通过教师的教，让学生在原有旧知的基础上生长出新知。因此，物理教师知识的专与博可以推动学生系统地掌握物理知识，提高素质与能力，实现物理创意教学。由于物理教材内容多、分量重、难度大，教材各部分之间联系紧密，步步深入，因此，学生的学习方法也要随着教材

和教学要求的变化而变化。教师要给学生一滴水，自己要有一桶水。物理教师精湛的专业知识，广博的教育学、心理学知识等能对学生的学习行为产生重要影响，因此，物理教师在遵从教学大纲和熟练掌握教材的基础上，要结合学生的知识与能力水平，以及现实社会和生活实际的需要，对教材内容进行精心的剪裁、梳理和调整，包括结构的安排、体系的组合、内容的增减、讲解的详略、实践探究的穿插、课时的分配调整等，取其精华，去其糟粕，突出重点，突破难点，进而实现物理创意教学。

三、教师课堂组织调控力是实践物理创意教学的核心

物理教师课堂组织调控力是集指挥力、控制力、感染力、凝聚力、协调力、应变力为一体的综合领导力。教师科学地运用调控力能使课堂教学秩序张弛有度，充分调动学生学习的积极性，激发学生内在的学习动力，使其主动参与，积极思考。教师课堂组织调控力的强弱直接影响创意教学的效能。新型的师生关系是一种以民主、平等、理解、尊重为基础的，积极合作、双边互动的关系，新课程标准以学生的发展为根本，关注学生的学，教学的终极目标是让学生学会学习，即教是为了不教。教师课堂组织调控力决定了教师是否能顺利地教，决定了学生是否能更主动地学，极大地影响着课堂教学效率。良好的课堂组织调控力要求教师具有随机应变处理有关教学中的偶发事件的能力。课堂是教师与学生相互交流、共同发展的场所，为了更好地完成教育教学目标，使课堂教学有效顺畅，教师需要在课前进行充分而周密的思考和创意设计，但在教学过程中，由于客观情况的变化，特别是面对精力旺盛、思维敏捷、活泼好动的学生，难免会出现一些突发情况。如果教师运用教育智慧，艺术地解决教育过程中的突发情况，就可以提高课堂教学的效果；如果教师对此束手无策，放任自流，听任课堂秩序混乱，就会影响教学任务的完成。新课程改革的实施对教师的应变能力提出了新的要求。《基础教育课程改革纲要（试行）》在具体目标中特别强调：“改变课程

过于注重知识传授的倾向，强调形成积极主动的学习态度，使获得基础知识与基本技能的过程同时成为学会学习和形成正确价值观的过程。”在这样的目标指导下，课堂教学将从过去的灌输式教学发展为动态生成性的创意教学，这意味着课堂教学将发生根本性变化。这种变化最显著的标志就是课堂教学的灵活和多元化，课堂不再是封闭的传递知识的课堂，课堂还要在动态的过程中承担情感的启迪和价值观的指引。课堂教学是千变万化的，再好的预设也很难完全实施，课堂上出现了意料之外的事情，教师应该及时调整预设，给生成腾出空间，机智地驾驭课堂，让课堂呈现别样的精彩。教师课堂组织调控力是物理创意教学的核心要求。物理课堂教学活动要丰富多彩，如情境引入、实验演示、现象观察、假设推理、实验探究、小组学习、合作研讨、归纳总结等，如何让这些活动紧张而有序地进行，引领学生不断地深入思考，做知识的发现者、使用者、创造者，需要物理教师具有非凡的调控力，才能保证课堂创意教学活而不乱、活而有序、活而高效。

四、现代信息技术是实现物理创意教学腾飞的翅膀

现代信息技术是指以计算机为核心，与其他设备高度融合的现代技术，内容包括互动白板、平板、微课、翻转课堂、慕课、投影仪、三维动画、CAI 课件等。现代信息技术因其智能化、微型化、超容化、可视化等特点，能实现一些传统教学难以企及的教学效果，如可以将发生在微观世界的运动用三维动画形象表示出来，从而达到抽象现象具体化、复杂现象简单化，教学也因此变得更加富有创意。多媒体资源的介入，不仅改变了传统的教学方式和手段，同时也使教学内容、教学形态、教学方法发生了重大变革。高中物理中的部分概念，如质点、点电荷、理想气体、电流、电场、磁场等抽象难懂，看不见，摸不着，实体演示实验没法做，必须借助现代信息技术进行模拟实验，将抽象的概念具体化、形象化，帮助学生深入浅出地理解物理概念的形成。有些物理过程和规律的形成，如碰撞、火箭发射、电磁场、电磁感应、电磁波、原子

弹、氢弹等，也可借助现代信息技术的动画演示，给予学生丰富的感性认识，将复杂的过程简单化，再理性思考，归纳总结出规律。当前的物理课堂教学形式已呈现多样化的发展趋势，教师在课堂教学中对以互联网和多媒体技术为核心的信息技术教学手段的综合应用势在必行。只有推动现代信息技术与物理课程的深度融合，才能更好地实现物理创意教学。

五、物理实验是更好地实现物理创意教学的催化剂

物理学是一门以观察、实验为基础的科学，很多物理概念和规律都是通过观察、假设、探究、论证、总结得到的。心理学研究表明：人的动作记忆效率比语言文字的记忆效率要高好几倍，“百闻不如一见，百看不如一做”。物理创意教学的首要任务是尽一切可能在课堂上为学生展示丰富多彩的物理现象和活生生的物理情境，促使学生边实验、边学习、边思考、边创意，手、眼、脑并用，真正进入角色，进行有目的的探究活动，加深学生对所学知识的理解，激发学生物理学习的兴趣，实现物理教学“做中学”。物理教师的实验技能是指教师所具备的实验教学能力和实验研究能力，它包括实验的组织管理、设计、操作、结果分析，及应用实验培养学生各种能力等的能力。无论是物理定律还是定理，都是通过实验总结积累而来的理论规律，所以要充分利用物理实验引领学生探索物理的奥秘。因此，物理实验是更好地实现物理创意教学的催化剂。

六、教师好的语言表达能力让物理创意教学更精彩

教师是一种“开口”的职业，再有学问的人如果没有良好的语言表达能力，也当不好教师。语言是人与人交流的媒介，教师在教学过程中向学生传授科学文化知识、培养学生良好的道德情操、开发学生智力并培养学生能力时，一刻也离不开语言。我们常常见到这样的实例：教师知识水平相当，教学内容相同，教学对象一样，但教学效果却截然不同。教师的语言简洁明达、生动幽默，课堂气氛就活跃，学生学习就兴

趣盎然；教师语言平铺直叙、平淡乏味，课堂气氛就沉闷，学生学习就索然无味。如讲伦琴射线物理学史时，教师可讲这样一个故事：德国著名物理学家威廉·康拉德·伦琴在 1895 年发现了一种特殊射线，取名伦琴射线，就是我们常说的“X 射线”，轰动了整个德国。不久，伦琴收到了一封信，有人向他邮购 X 射线，伦琴在回信中幽默地说：“目前，我手头没有 X 射线的存货，而且邮寄 X 射线是一件相当麻烦的事情，因此不能奉命。这样吧，请把胸腔给我寄来！”学生听后对伦琴射线表现出极大的兴趣，究其原因，与教师出色的语言表达能力有很大关系。好的教学语言不仅能准确传递教学的信息和内容，更能激发学生学习的兴趣，调动学生学习的热情和主动性，使学生更好、更自觉地参与教学活动，达到教与学的有机结合，提高课堂教学的效率。语言是师生沟通的主要工具，物理教师在进行课堂教学的各项活动中要通过语言指导进行组织实施。教学语言具有明显的主导性。在物理创意教学过程中，物理教师的语言始终控制着师生交流的内容、方向、进程和效果，让学生注意什么、感受什么、联想什么、思考什么、操作什么、创意什么，关键在于教师语言的引导。语言科学、准确、规范、严谨、简约，富有艺术性，能烘托课堂气氛，吸引学生注意，拨动学生心弦，激发学习兴趣，甚至能“一石激起千层浪”，把问题引向深化，把学生的思维引向“蓝天”。教学语言具有明显的教育性，教师肩负着教书育人的历史使命，充满情感的教学语言能使学生燃起理想的火花，激发强烈的求知欲，唤起强烈的进取心，受到德的启示和美的感染，从而形成良好的课堂氛围，提高教学的效率。一个教育家曾说过：“平庸的教师叙述，好的教师讲解，优异的教师示范，伟大的教师启发。”语言表现能力是一个物理教师知识、智力与教学能力的外化，好的语言表现力能使物理创意教学更精彩。

第二章　物理创意教学策略

物理创意教学策略是以完成物理教学任务为目标，以提高学生物理核心素养为宗旨，以培养学生的创新精神和实践能力为重点而采取的教学活动方式。物理教学质量的好坏在很大程度上取决于物理教学策略的应用与有效开展。选择与设计充满生命活力的教学策略能突显创意教学的智慧。物理教学策略的设计具有创新性、发现性、迁移性、探究性等特点，作为教师，应根据教学目标、教学内容、师生实际、学校的条件等，精心选择、设计有创意的教学策略，最大限度地促进学生高效学习。

第一节　创新策略——点燃物理创意教学的激情

中学物理课堂教学是基础教育的重要组成部分，是培养学生创新能力的主阵地。在中学物理课堂进行创意教学，不仅仅要对传统课堂教学进行调整，更要转变观念，扬弃传统的教学模式和手段，运用物理创意教学法，培养学生的创新意识、创新思维、创新精神、创新技能，使物理课堂成为最具旺盛生命力、最具创新能力的课堂。要实现物理创意教学，首先要点燃师生的激情，而创新策略则是点燃师生激情的最佳工具。创新策略不仅是一种设计方法，而且是一种需要不断培养和完善的素养。创新策略通常来自三种情况：一是对某一领域充分研究以后得出的结论。就如淘金，去掉泥沙，就有收获。二是两类学科的边缘相交而结出的硕果。像医疗器械的发展、基因工程，这类发现或发明是在系统掌握了一个领域的知识，同时又涉猎另一领域的情况下结出的硕果。三是由于对某事物的不满或对高效率的渴望而从事的变革。“科学是懒人创造的”，可以肯定的是，这种“懒人”绝不是闭门造车，他肯定是一位勇敢的探索者和实践者。就如瓦特发明蒸汽机、史密斯发明洗衣机、爱迪生发明电灯等，更快、更好、更强是他们创新的动力。总的来说，创新策略点燃物理创意教学的激情应具备以下两个条件：一是踏踏实实的工作态度，坚实的理论基础，对新事物的浓厚兴趣；二是丰富的实践经验和较强的实践能力，强烈的改变现状的动机。结合新时代的特点，创意教学要从小培养学生探索新事物的兴趣，让他们发挥学习的主动性，将学习作为一种活动而不是任务去主动参与，激发创新的欲望。教育部颁布了新的课程计划、新的教学大纲，确定了新的高考模式，并相应改变了考核评价机制，旨在给学生松绑，给中学教育松绑，力求使学生的知识体系更完整，个性更能得到充分发挥，创新能力得以显著提高。

一、创新策略的理论依据

创新教育是20世纪90年代后期开始兴起的一种教育思潮，其基本的价值取向是培养学生的创新精神、创新意识与创新能力，为社会造就创新型人才。创新教育理念的提出，是人们对传统教育过于强调知识传承的反思和对初见端倪的知识经济的前望。在推动全面素质教育的形势下，创新教育一出现便引起人们的广泛关注，很快成为教育界的一大热点。但创新教育在现实中发展比较缓慢，这固然与传统教育观念、现实教育环境与教育资源的制约有关，但创新教育理论研究落后于创新教育实践也是一个重要的原因。为了使我国的创新教育能够科学、有效和可持续地发展，必须对创新教育的基本理论进行系统的探索。

对于创新教育的理论研究，我们一方面要在思想认识上给予重视，另一方面要注重理论创新，力争形成具有中国文化特色的创新教育理论体系。进行创新教育理论研究，主要是对创新教育的价值、目标、过程等带有普遍意义的问题进行科学分析与理性思辨，以揭示创新教育的一般规律和基本原理。在《论语》《学记》和《易经》等传统文化载体中，可以找到关于创新的思想。但“创新”这一学术概念是“舶来品”。从发生学的角度看，教育领域引进“创新”并提出“创新教育”的元概念时，几乎没有摆脱“借鉴”“模仿”的痕迹，这种情况必然会直接影响到我国后来对创新教育研究问题的选择以及方法的采用。我国创新教育理论研究一方面存在先天不足的问题；另一方面又因教育的国际化，我们在寻求自身特色的道路上更加艰难。在研究具有中国文化特色的创新教育理论时，我们从中国文化的基本精神和价值取向出发，思考它所具有的创新教育智慧，然后在此基础上构建具有中国文化特色的创新教育理论体系。

二、创新策略的基本内涵

创新策略的内涵是在教学中以培养学生创造性思维，开发其内在潜能的理论为基础，通过对教学目标、教学内容、学习策略、师生活动方式等因素的优化组合，达到预期学习目标的教学程序。具体来说，就是教师要创新教学模式，以学生的发展为本，培养学生多方面的思维，面向全体学生，充分体现学生的主体作用，充分体现民主、和谐、平等、开放的教学环境，注重发展学生优良的个性品质，运用主体参与原则、个性化原则、探究实践原则、成功激励原则、整体发展原则、协作创新原则，积极开展物理创意教学。

三、运用创新策略的主要方式

（一）意识创新，激发物理创意教学的激情

陶行知先生说过：“处处是创造之地，天天是创造之时，人人是创造之人。”创新不只是社会精英的专利，日本的家庭妇女每年都有不少发明创造，每个人只要有创新意识和行为，都有可能成功。知识是教学

的重点，但绝不是全部，让学生在学习知识的过程中形成科学的素养，培养创新意识才是教学的目的。教师不但要关心学生获得了多少知识，也要重视知识获取的过程。如果教师只能充当“养猪能手”，将知识如同“饲料”一样绞碎调配好去喂学生，那么培养出来的学生只能是“懒猪”而非“雄狮”。你可曾见过家养的猪呼啸山林？同样，教师的教学也是如此。教师在讲授基本概念、定理、定律和规律时，要引导学生追根溯源，沿着历史长河，循着圣贤伟人的足迹，探究知识的来龙去脉，掌握发现知识的方法和思路，启发学生的创新意识。如电磁感应现象是法拉第在奥斯特发现电流磁效应的基础上经过 11 年的艰苦探索才发现的，爱因斯坦的光子学说是在经典电磁理论解释光电效应现象陷入困境时提出来的。因此，教师要转变教育观念，教学不能过细过死，也不能太清太纯，要让学生主动参与知识获取的过程，引导学生学会创新。这就要求教师在传授知识时，要营造民主、宽松、和谐的教学氛围，相信每个学生都有无限的发展空间，承认每个学生都具有巨大的创新潜能，允许学生在课堂上自由提问、相互交流，对学生在求学过程中表露出的与众不同的观点、思维方法，甚至出现的错误，都应该多肯定、少批评。教师要支持学生对权威质疑，鼓励他们大胆创新，这样将会更有利于他们以后的发展。

（二）方法创新，点燃物理创意教学的激情

流水线上生产的是标准件，而我们的学生由于个体存在差异具有多样性。因此，教师教学要因材施教，充分发挥每个学生的特长，要根据物理学科的特点采用适宜的教学方法，要根据不同的培养目标确定不同的教学方法。为提高学生学习的兴趣，教师要不断改变教学方法，但不管是何种教学方法，都必须以学生的主动参与为基本要求，以培养创新思维为目标。

根据美国著名心理学家加涅的学习阶段理论，学生的学习从本质上来讲，是一个系统而完整的信息加工过程，也是信息的获取、加工、储

存和反馈的过程，即知识的知觉选择、理解领会、记忆储存和作业反馈的过程。课堂教学优化设计必须为这一过程特别是内部加工过程提供良好的外部条件，而灵活多样的教学方法是实现并完成这一过程的根本保证。

物理教师进行创意教学时要从实际出发，综合运用讲解法、讨论法、探究法、观察分析综合法等，合理组织，博采众长，并在教学的全过程中贯彻“启发式”学习，让物理教学过程始终处于一定的问题情境之中，成为不断提出问题、分析问题和解决问题的全过程，从而使学生思维积极活跃，不断推陈出新。同时，通过一题多解、一题多变的物理发散思维训练，逐步培养学生的创新思维。

（三）手段创新，保持物理创意教学的激情

为了能在有限的时间内取得显著的教学效果，教师必须提高教学效率，而现代化的教学媒体能刺激学生的各种感官，激发学生的学习兴趣，加强直观教学，增强学生的感性认识。如电视和录像能拓展学生的见闻，再现知识的发现过程；互联网开拓了学生的知识面，增加了获取知识的渠道；电脑动画可化知识无形为有形、抽象为形象；投影仪、视频展台能增加教学内容的可视性。现代化的战争不能靠“小米加步枪”，现代化的教学也不能仅依赖黑板和粉笔。教师通过制作系列 CAI 课件，充分利用多媒体电教平台，模拟知识的发现、理论的诞生过程，创设形象逼真的物理环境，让学生置身于物理情境中，亲身感受知识，轻松愉快地发现物理规律，大胆好奇地揭开自然界的奥秘，从而培养学生的创新精神。如楞次定律的教学抽象难懂，学生难以捉摸，利用 CAI 课件就可将抽象的磁场、磁通量的变化、感应电流的大小和方向等具体形象地展示出来，一目了然。

（四）资源创新，永葆物理创意教学激情

教师可以在教学资源路径上积极创新，利用课堂内的小实验、小制

作，生活中的照片、漫画、图片，学生撰写的对家庭、生活、工厂和社区等领域的实践活动报告、小论文等，拓宽教学资源路径，永葆教学激情，从生活走向物理，从物理走向社会和科学。我们必须明白，物理源于生活，物理学的发展可以推动社会和科技的发展，而社会的发展又会进一步推动物理学的进步。在教学过程中，把科学、技术和社会相结合的 STS 教育引入课堂教学，可有效地促进学生多方面的发展。在新课程标准指导下的物理教学中，教师若能让学生感受到物理就在身边，生活时时处处有物理，教学就成功了一半。

（五）情境创新，助推物理创意教学激情

创新课堂学习情境，可以让沉闷的课堂一下子活跃起来，让学生在耳目一新的情境刺激下满怀激情地学习。物理教学要避免学科本位，要注意学科间的渗透，挖掘物理课程的人文资源，展现物理学的人文价值，创新以人为本的教学过程和教学平台。例如，在讨论参照系的时候就可以引用“满眼风波多闪烁，看山恰似走来迎。仔细看山山不动，是船行”来说明这种现象，也可以用“小小竹排江中游，巍巍青山两岸走……”的歌词来说明。这样的教学过程既可以轻松实现学习目标，也可以提高学生学习物理的激情。物理课堂教学中人文环境的积极性、情感性可以保证师生双方的思维处于激发状态。健康、丰富的情感能够促使人以积极的态度对待环境因素，充分发挥积极因素的作用，克服消极因素的不利影响，使积极顺境的作用得到全面发挥，使逆境因素得以转化。情感本身也是重要的教学内容和任务。课堂教学人文环境的情感性主要包括师生之间民主和谐的关系、同学之间友好合作的关系与积极竞争的关系，以及学生对于学习内容的情感体验。例如，我在“热的本质”的教学中，从历史发展的角度实施教学，罗列一些热现象，提出疑问：“热是物质还是运动?”并为学生提供一些历史资料和与热有关的资料，让学生分组查阅资料并讨论。在小组合作讨论时，同组学生间的合作特别和谐，而小组间的争论更是激情四溢，合作讨论的过程就是学生寻找历史足迹的过程。通过讨论，学生的合作能力加强了，对热学的发展有了更深刻的认识和理解，对科学的发展也有了一定的认识。

另外，教师还可创新物理课堂教学的信息环境。语言环境是课堂教学环境最重要的组成部分，是建设课堂教学环境的关键步骤。表达完整、清晰、简洁、优美而又情感丰富的语言环境，能陶冶人的情操，净化人的心灵，达到以情动人，提高语言感染力的目的，给人留下深刻的印象。动作是传递信息的主要手段，它与语言的主要区别在于其具备直观性、整体性。动作表达信息的直观性可以使复杂的语言阐释简化成注释解说；动作表达信息的整体性可以使信息按一定的顺序和逻辑表达和传递，使信息以整体的形式留在人的印象中，复现时更简洁。另外，动作本身往往具有特别的趣味性，可以使课堂气氛更活跃。总之，科学、严谨的动作再辅以“画龙点睛”的语言，能大大提高单位时间信息传递的数量和质量。

（六）互动创新，绽放物理创意教学激情

从教学实际出发，加强师生之间、生生之间一对一或一对多的互动，能绽放物理创意教学的激情。互动让学生获得自主学习的快乐，互动让学生分享探究学习的成果，互动让学生成为合作学习的主角，互动让师生互相变换角色。教学过程是师生交往、积极互动、共同发展的过程，那些只有教学的形式表现而无实质性互动发生的“教学”是无效的。师生交往和互动是学生通过自身原有的知识、经验与教师进行交流、互动，引起自身原有知识结构的重新构建，从而获得新的知识的过程。通过信息交流，可实现师生、生生互动。师生相互沟通，相互影响，形成学习共同体。

在物理课堂教学中，教师的主导作用首先应体现在为学生的互动学习提供条件方面，即教师要为学生提供互动学习的时间和空间。从时间上说，一堂课必须有一定的时间让学生互动思考、交流、练习等；从空间上看，教师应该一改以往教师在讲台上讲，学生在讲台下听的传统，

让学生有多种学习形式、多个学习空间，如小组学习、上讲台当“小老师”、大组讨论竞赛等，让学生自主互动学习，从而扩大学生在单位时间内互动学习活动的空间，切实提高课堂教学效率。例如，在“功率”的教学中，原来学生总是搞不清汽车的匀加速问题。我在本节课中采取的办法是让学生互动，讨论汽车匀加速的最长时间及汽车功率的变化，由学生推荐代表上讲台，向同学展示自己的观点并与同学一起探讨。在学生的讨论中，我发现了自己原来的教学误区。原来我认为学生明白了汽车匀加速的过程，但通过学生的讨论才发现，学生对于汽车运动的最大速度和匀加速过程中的最大速度是混淆不清的，对于两种情况下的力学状态、能量的转化及运动过程都是不清楚的。把时间和空间让给学生，让学生自主思考、主动展示、积极讨论，可以使学生充分发现自己的优点，认识到问题本质，在学生掌握知识、发展能力的同时，教师对学生的认知规律也会有进一步的理解。这样的课堂轻松和谐、积极主动，学生参与性好，效率高。

四、创新策略在教学中的运用

我们以“如何测量盐水的密度”为例说明。

（一）分析

在“设计与实验”的教学环节中，我们从实验原理着手，引导学生运用创新策略探索“是先测出液体的质量还是先测出液体的体积，这个测量次序对实验结果有没有影响，有什么影响”，从而使学生在思维的碰撞中理解测量方案的不同对测量结果所产生的影响一般是不同的。同时使学生意识到，实验误差总是存在的，尽管实验误差不可避免，但应尽可能地通过改进实验方法等手段来减小实验误差。

（二）方案

在测量盐水密度的实验过程中，我们引导学生运用实验原理，通过小组讨论，总结出测量方案。

方案一：

（1）用调好的天平称出空烧杯的质量为 m_1。

（2）将适量的盐水倒入空烧杯中，用天平称出烧杯和盐水的总质量为 m_2。

（3）将杯中的盐水倒入量筒中，测出盐水的体积为 V。

（4）算出盐水的密度为 $\rho_{盐水} = \frac{m_2 - m_1}{V}$。

方案二：

（1）用量筒量出适量的盐水的体积为 V。

（2）用调好的天平称出空烧杯的质量为 m_1。

（3）将量筒中的盐水倒入空烧杯中，用天平称出烧杯和盐水的总质量为 m_2。

（4）算出盐水的密度为 $\rho_{盐水} = \frac{m_2 - m_1}{V}$。

“交流与评价”是创新教学的关键环节。在这一教学环节中，我们引导学生针对自己小组的实验方案进行反思性评价，看实验过程还有没有值得改进的地方。只有让学生经过反思去发现问题的症结，才能提高他们的创新能力。

生：方案一中，“将杯中的盐水倒入量筒中”，烧杯壁上有残留，会使被测盐水的体积偏小，从而导致被测盐水的密度偏大。

生：方案二中，“将量筒中的盐水倒入空烧杯中”，量筒壁上也有残留，会使被测盐水的质量偏小，从而导致被测盐水的密度偏小。

师：为了使实验误差更小，你还有没有更好的实验方案呢？

（学生带着问题进行实验，操作过程中由于步骤颠倒等各种问题造成实验结果不理想，经过反复调整、改进，学生最终都完成了实验，解决了问题。）

生：我来说说我的方案。

方案三：

（1）用天平测出盛有盐水的烧杯的总质量为 m_1。

（2）把烧杯中的部分盐水倒入量筒中，测出这部分盐水的体积为 V。

（3）用天平测出烧杯和杯中剩下的盐水的总质量为 m_2。

（4）算出盐水的密度为 $\rho_{盐水}=\frac{m_1-m_2}{V}$。

师：再请你分析一下方案三为什么好？好在哪里？

生：这个方案三可避免烧杯壁上的残留问题，只需测出倒入量筒中的盐水密度就行。

师：妙，这个方案提得妙！现在请大家讨论一下是否还有别的方案。

（学生继续思考问题：要避免量筒壁上的残留而引起的测量误差，还可以……）

（三）反思

第一，创新意味着突破。原有的实验方案并不是无懈可击，引导学生反思实验过程，把原有实验方案的缺陷和疏漏作为创新点，通过师生互动让学生提出自己的改进意见，进一步完善了实验方案。可以说，这样的一个针对实验缺陷、完善实验方案的教学过程就是一个创新教学的过程。总之，创新不是凭空出现的，而是对原有认识的一种突破。

第二，问题是创新的源泉，发现一个问题比解决一个问题更重要，捕捉和利用教学过程中发生的意外现象和结果来培养学生的问题意识及创新思维能力是切实可行的。

第三，创新教学离不开问题讨论。问题讨论的核心是促进学生自主探索，只有在自主探索与自主解决问题的过程中才能培养学生的创新能力。而且，创新并不神秘，它只不过是一个发现问题与解决问题的循环探索过程。

第二节　发现策略——拓展物理创意教学的视角

发现策略在物理创意教学中的应用就其思想渊源而言，可以往前追溯很远。早在19世纪中叶，德国著名教育家第斯多惠就曾提出："科学知识是不应该传授给学生的，而应当引导学生去发现它们，独立地掌握它们。""一个差的教师奉送真理，一个好的教师则教人发现真理。"其后，英国著名教育家斯宾塞也指出："在教育中应该尽量鼓励个人发展的过程，应该引导学生进行探讨，自己去推论，给他们讲的应该尽量少些，而引导他们去发现的应该尽量多些。"这些观点，无疑为用发现策略拓展物理创意教学的应用视角奠定了思想基础。

一、发现策略的理论依据

发现策略的主要理论依据是认知建构主义学派的建构原理与顿悟学说。作为一种严格意义上的教学策略，它是由美国著名心理学家布鲁纳于20世纪50年代首先倡导的，他认为："提出一个学科的基本结构时，可以保留一些令人兴奋的部分，引导学生自己去发现它……""学生通过发现来掌握学科基本结构，易理解、记忆，便于知识的迁移，能力的发展……""发现不限于寻求人类尚未知晓的事物，确切地说，它包括用自己的头脑亲自获得知识的一切方法。"他的倡导使发现策略引起了教育工作者的高度关注和重视。

发现策略作为一种物理创意教学方式，无论在教学过程中，还是在教学目标里，更多关注的是学生的学，这种意义下的"发现学习"以学生的自主探索、合作学习为主要特征，学习过程中，学生在原有的认知基础上，其元认知、动机、行为都能积极有效地参与。以美国著名心理学家弗拉维尔为代表的认知建构主义学派认为，主动建构学习实际上就是元认知监控的学习，是学生根据自己的学习能力、学习任务的要求，积极主动地调整学习策略和努力程度的过程，所以，发现法作为一种学习方式，其本质正是学生在原有认知基础上的主动建构。认知建构主义学派还认为，学习是一个认知过程，这个过程不是盲目地尝试与试悟，而是突然的“顿悟”；人们从实践中认识到，试悟与顿悟是学习中互补的两个过程，常常是穿插进行的。一般来说，在物理学习中，掌握物理解题技巧、试解习题等常以试悟的形式出现，而对物理概念的理解及创造性地探索问题则多表现为顿悟。因此，发现式教学法否定通过大量练习与强化形式形成反应习惯，提倡主动地在人脑内部构造认知结构。

步入21世纪，我们面对的是一个飞速发展的信息化时代，要适应这种急剧变化的形势，人们必须具备自我学习的能力，须终身学习。因此，基础教育的一个重要任务就是帮助学生学会学习，培养学生探究发现和开拓创新的能力。教学中，教师应鼓励学生积极参与教学活动，包括思维的参与和行为的参与，既要有教师的讲授和指导，也要有学生的自主探索与合作交流。教师要创设适当的问题情境，鼓励学生发现物理的规律和问题解决的途径，使他们经历知识形成的过程。这就要求我们广大物理教师必须转变教学观念，更新教学手段，精心设计好每一节课的教学方案，给学生创造一种能主动探究问题，主动获取知识的，宽松、和谐的学习氛围和学习环境。发现策略的思想正好体现了这种需求。

二、发现策略的基本内涵

（一）基本内涵

发现策略是指教师在学生学习物理概念和原理时，不是将学习的内容直接提供给学生，而是向学生提供一种问题情境，只是给学生一些事实（例）和问题，让学生积极思考，独立探究，自行发现并掌握相应的原理和结论的一种方法。它的指导思想是以学生为主体，独立实现认识过程，即在教师的启发下，学生自觉地、主动地探索科学知识和解决问题的方法及步骤，研究客观事物的属性，发现事物发展的起因和事物的内部联系，从中找出规律，形成自己的概念。教师扮演学习促进者的角色，引导学生对这种情境发问并自己收集证据，让学生从中有所发现。

（二）发现策略拓展物理创意教学的基本过程

运用发现策略进行物理创意的基本过程可以概括为四个阶段：第一阶段，创设问题情境，使学生在情境中产生矛盾，提出要求解决或必须解决的问题。第二阶段，促使学生利用教师所提供的材料、所提出的问题，做出假设。第三阶段，从理论或实践上检验自己的假设。第四阶段，根据实验获得的材料或结果，在仔细评价的基础上得出结论。教师在应用发现策略进行物理创意教学时，首先要把教材划分为一个个的发现过程，制订出具体要求，关键在于恰当地确定学生独立探究、力所能及的“最近发展区”。只有教师给学生创设的问题情境符合学生的实际水平，只要“跳一跳就能摘到桃子”时，学生的探索能力和智力才能得到发展。

（三）发现策略拓展物理创意教学的步骤

第一步，提出要求，使学生明确“发现”的目的。思维源于问题，疑问引领发现。应用发现教学首先需要给出“发现”的明确任务和目标。

第二步，做出假设，使学生明确思考方向。

第三步，创设情境，使学生面临矛盾。只有学生内心有“矛盾”，才可能引起其求知探索的动力。所以在提出要求、给出假设后，教师需要进一步创设情境，激发学生的“矛盾”。

第四步，指导学生根据案例整理资料、罗列证据、发现结论、归纳总结。

第五步，学生将发现的结论与事实材料结合，加深理解。学生一旦发现自己的归纳、结论与“答案”一致时，会欣喜异常；若出现不一致，教师则应加以指导。

第六步，学生将通过发现获得的知识应用于实际。这个环节是发现策略的升华。

三、运用发现策略的主要方式

费恩曼在他的《费恩曼物理学讲义》的结束语中这样写道：“我讲授的主要目的，不是为你们参加考试做准备——甚至不是为你们服务于工业或军事做准备，我最想做的是给出对于这个奇妙世界的一些欣赏，以及物理学家看待这个世界的方式，我相信这是现今时代里真正文化的主要部分。也许你们将不仅对这种文化有欣赏，甚至也可能你们会加入到人类理智已经开始的这场伟大的探险中去。”应该说，这是物理创意教学新的视角。著名物理学家陈佳洱院士说：“物理学不只是图表和数据，它能带给你很多更珍贵的东西——一种理性的思维方式、人生的哲学和人生的道路。”这段话正是对物理学科价值的诠释——让学生终身受益的不是具体的物理知识，而是所学的知识忘掉之后剩下的东西。因此，我们要关注物理知识的文化取向，开发物理知识的育人价值，从传统的以知识为本的物理教学，转变为以培育核心素养为主的物理教育。发现策略主要是从物理观念与应用、科学思维与创新、科学探究与交流、科学态度与责任四个方面拓宽物理创意教学视角的。

（一）物理观念与应用

面向学生未来的发展，物理创意教学必须要以具体知识为载体，运用发现策略，引导学生通过高水平的思维活动，形成物理基本观念，即从“知识为本”转向“观念建构”。物理基本观念是指学生通过物理学习，在深入理解物理学科特征的基础上所获得的对物理总体性的认识，它包括物质观、运动观、能量观、相互作用观等。对物理基本观念的教学有利于将物理学知识与学生的认知结构相关联，正契合科学研究者对经验世界的概念建构过程。课堂教学重视物理学的文化价值，让学生不仅理解物理知识，还了解物理学在社会生产力发展中的作用，进而形成科学的价值观和思维方式；接受物理文化熏陶，在一定意义上能够帮助人们消除科技与人文间的隔阂，这也是物理文化课堂教学的另一个重要意义。在物理教学中实施“观念建构”教学，有利于转变学生的学习方式，促进学生对知识的深刻理解和灵活应用，全面提高学生的科学素养。

物理学本身即科学知识、科学过程和科学文化三者的融合与统一，不仅以概念、原理和规律揭示了自然界的基本运动形式，而且在建立这种知识体系的过程中，通过升华和发展人们的科学思维和研究方法来推动科学的继续进步，已成为人类文化不可分割的一部分。从另一层面来说，物理学家们创造的物理文化已为人们所由衷景仰，在课堂教学中学习和理解物理文化，有助于学生公正而全面地认识物理及整个科学，形成正确的人生观、价值观与世界观。同时，在对物理文化有了透彻认识之后，学生在学习过程中就会有意识地形成自身的物理文化意识，进而实现其科学精神养成。

（二）科学思维与创新

著名特级教师吴加澍老师说：“物理学科这种丰富多元的内涵，犹如一棵枝繁叶茂的‘物理树’，最先映入人们眼帘的树叶、果实，就像物理学科的知识层面；而支撑着它们的树枝、树干，好比物理学科的思维层面；它那深深地扎入泥土、维系着大树生命的树根，则是物理学科的文化层面。”为此，我们必须重构具有文化价值取向的物理知识观，即要充分认识到教学范畴内的物理，有着作为科学的物理和作为教育的物理的两重性。相应地，物理知识也有着两种形态：一种是外显的学术形态，另一种是内隐的教育形态；前者具有实用价值，后者则有教化功能。于是，我们的教学应该从学术形态深入到教育形态，即在重视物理知识的科学内核的同时，还要注意挖掘它的文化底蕴，提升物理教学的文化品性。让学生在学习知识的同时，还能进一步去探寻知识的渊源，揭示知识的本质，体悟物理的美感，从而全面发挥物理知识的教育价值。

古希腊哲学家柏拉图说：“惊讶，这尤其是哲学家的一种情绪；除此之外，哲学没有别的开端。”亚里士多德也说过：“古往今来人们开始哲理探索，都应起于对自然万物的惊异。”基于此，物理创意教学开辟了教学新思路，应用发现策略引起学生的“惊奇”，追求足以让人惊叹、眼前一亮、发出尖叫、震撼心灵的强烈刺激的教学效果，不仅要注重突出教学设计的“新”“奇”“趣”“美”，同时也要注重对学生创新思维的训练和熏陶，注重培养学生的想象力，激发学生的创新意识，培养学生的创新思维能力。

（三）科学探究与交流

物理创意教学重视创新意识、创新思维、创新人格等各方面在教学过程中的生成。发现策略是以浓缩的时空和自然的形式，尽量让学生按照认识的重演规律，去重演知识的产生与发展的过程，将教学过程转变为学生的“亚研究”“类创造”过程，使学生在获取物理知识的同时，还能从中汲取前人智慧，领悟思想方法，陶冶科学精神，形成初步的科学的世界观和方法论，全面落实新课程标准所要求的三维教学目标，全方位提升他们的科学素养。美国著名教育家杜威在《我们如何思维》一书中，把思维活动分为五步，教学过程与思维同步发展也分为五个步骤：（1）要安排真实的情境；（2）在情境中要有刺激思维的课题；（3）要有可利用的资料以做出解决疑难的假设；（4）要从活动中去验证假设；（5）根据验证成败得出结论。这就要求，教师应该在思维活动的高度上对科学探究进行再探究，对发现进行再发现，通过自己对教学内容的理解和再创造，对体现在物理定理、定律中的科学思想、方法加以梳理，使之条理化和系统化，升华为一般的哲学观点和方法论思想，并以学生能够接受的方式进行教学整合，启发学生，促进课堂“思想”的生成，也就是培养学生“科学思维”这一核心素养的达成。从文化这一新的视角进行物理教学研究，其重要意义在于使广大物理教育工作者能将物理学置于广阔的人类文化之中去考察，使学生能像物理学家那样欣赏物理学，发现物理学与人类文化的关系及其对人类文化的影响。

（四）科学态度与责任

作为一名物理教师，能够对物理学科做一番深入的审视与剖析，以拓展自己的学科视域，这是十分必要的。因为眼界决定境界，如果教师关注的仅仅是物理知识层面，他充其量只能算是一名“经师”；如果在教物理知识的同时，还能突出物理思维，引导学生去领悟其中的思想和方法，他就是一位“明师”；如果在教物理知识、思维方法的同时，还能潜移默化地对学生进行物理文化的熏陶，润泽他们的心灵，那才称得上是教书育人的“人师”。这就是物理教师的科学态度和责任。所以我们在运用发现策略开展创意教学时，必须以物理核心素养为导向，将物理观念、科学思维、实验探究、科学态度与责任等要求自始至终贯穿在教学活动之中，使物理教学过程成为学生核心素养的养成过程。

四、发现策略在教学中的运用

（一）在物理实验教学中的运用

物理是自然科学，其知识来源于人类对生产和自然的观察，特别是来源于物理实验，是经过实践、认识，再实践、再认识的多次循环，而得到的较完整的科学知识。中学生学习物理知识跟人类探索物理知识的过程有许多相似之处。教师必须十分重视观察和实验在学生学习物理知识过程中的重要作用，它是学生对所研究的物理问题获得必要的感性认识的基本途径，也是理解较难知识点的基础。因此，凡有实验内容的教学以及能够做实验的课，均可选择发现策略，让学生边实验边观察，或教师演示让学生观察，让学生在教师的引导启发下去发现规律，得到结论，获得新知识。例如，在“平抛运动”的教学中，如果直接说平抛运动可分解为竖直方向的自由落体运动和水平方向的匀速直线运动，学生会感到很抽象和费解。若是先用演示器演示，使两个小球从同一高度同时释放，其中小球 A 自由落体，小球 B 平抛，学生会发现两个小球同时落地；改变小球的高度和平抛的初速度，学生又发现两个小球只要同时释放总是会同时落地的。这样，学生会很快总结出小球 B 在竖直方向上和小球 A 一样做自由落体运动。接着再让学生观察，使两个小球以相同的水平初速度同时释放，其中小球 A 沿水平方向做匀速直线运动，小球 B 平抛，学生会发现两个小球在水平方向上同时到达；改变两个小球的高度或者改变平抛的初速度，学生又发现两个小球只要同时释放总是在水平方向上同时到达。通过教师的引导、启发、分析和推理得出结论：平抛运动可分解为竖直方向的自由落体运动和水平方向的匀速直线运动。这样教学，既生动又直观，有助于学生深刻理解概念及规律，增强分析问题的能力，掌握一定的实验技能。

（二）在物理概念、定理、定律教学中的运用

物理学是有着严密逻辑的知识体系的学科，知识的传授总是遵循由易到难、从简单到复杂的顺序。所以，在教学中，教师要遵循循序渐进的原则组织教学，通过创设一些简单的问题，启发学生自己动手、动脑，发现新的概念、规律，从而达到低起点、高落点的效果。如在“动量定理”一节的教学中，教师通过提问复习动量、冲量后引入新课，先让学生看下面一道题，然后填表。

例：一质量 $m=2$ kg 的物体放于光滑水平面上 A 处，现用力 $F=2$ N，方向水平向右，作用于物体，经时间 $t=2$ s 达到 B 处。然后使力 F 大小不变，方向变为水平向左，经时间 $t=2$ s 达到 C 处。

表 1　物体运动状态变化表

位置	速度 v (m/s)	动量 mv (kg·m/s)
A	0	0
B	2	4
C	0	0

合力 F (N)	冲量 Ft (N·s)	动量变化量 Δmv (kg·m/s)
$A\to B$	4	4
$B\to C$	4	4

学生经计算填表，很快从表格中发现结论：合力的冲量等于动量的变化量。教师接着再提出问题：这个结论在水平面不光滑的情况下成立吗？这时立刻有学生想到存在摩擦力的情况，再重新填表得出结论。最后教师再进一步提问，这个结论在一般情况下成立吗？同学们积极性很高，争先发言，在教师的引导下很轻松地推导出了动量定理，达到了高落点的效果。

第三节　迁移策略——激发物理创意教学的潜能

近年来，物理创意教学一直强调心理学在物理教学中的应用，以提高学生的创意能力，心理学中的迁移原理在这种应用中起到了关键的作用。按照对事情结果的影响，迁移可分为两种：正迁移和负迁移。正迁移会给物理学习带来有利的影响，而负迁移会给物理学习带来不利的影响。在物理教学中，教师要发挥正迁移的积极作用，避免负迁移带来的消极影响，激发创意教学潜能，这正是研究迁移原理在物理创意教学中应用的意义所在。

一、迁移策略的理论依据

“学习迁移”是现代教育心理学的一个概念，它是指人已经获得的知识、技能、方法和态度对学习新知识的影响。学习迁移能够使一种学习对另一种学习产生影响，这种影响既可以是先前的学习对后继的学习发生作用，也可以是后继的学习对先前的学习发生作用。先前的学习影响后继的学习，叫作顺向迁移；后继的学习对先前的学习发生影响，叫作逆向迁移。把所学的知识推广到其他类似的情境中去叫作水平迁移。当然，这种相互影响和相互作用可能是积极的，也可能是消极的。学习迁移的性质有正负之分，一种学习对另一种学习起积极的促进作用称为正迁移；一种学习对另一种学习起消极、干扰或抑制作用称为负迁移。我认为，在物理教学中，如果能够运用迁移理论，发挥知识的正迁移作用，尽量减少负迁移影响，将对教学产生事半功倍的效果。

二、迁移策略的基本内涵

在创意物理教学中应用迁移原理是为了发挥正迁移的积极作用，避免负迁移的消极影响。正迁移可以让学生更加轻松地学习新的知识，激发学生的学习热情，因此在教学中要注重发挥正迁移的积极作用。负迁移会让学生不能明确区分一些类似的知识，从而在思维上产生混乱，造成学习中的困惑，因此要避免负迁移带来的消极影响。

想在教学中应用好迁移原理，就需要教师和学生双方的共同努力，通过适当的方法和措施，达到利用正迁移、抑制负迁移的目的。教师通过课前的备课、课堂上的讲解和引导、课后的辅导这三步可以很好地将迁移原理应用到物理教学中。

（一）课前

教师要清楚地认识到负迁移在教学中的不利影响，在课下多与学生沟通交流，了解学生学习过程中的心理活动，熟悉每个人对知识的掌握情况，根据学生的实际情况，在课前认真准备教案，尽量避免可能引起负迁移的问题。同时，多应用正迁移的例子，让学生对物理知识有更加清晰的认识。

（二）课中

在课堂讲授的过程中，教师要引导学生区分知识之间的差别。物理这门学科的基础是物理原理和物理概念，要想更好地抑制负迁移，教师就必须引导学生夯实物理基础，在讲课的过程中重视基本原理和概念的教学，不断归纳总结，让学生抓住物理的本质，构建起自己的物理思维体系，减少其他知识带来的负迁移。如比较法就是很有效的一种讲课手段，通过比较，可以将不同知识的异同点直观地展示给学生。例如，正比例函数 $y = kx(k \neq 0)$，将其化为 $k = \frac{y}{x}(k \neq 0)$，$k$ 为常数，与 y 和 x 的大小无关，然后和电阻公式 $R = \frac{U}{I}$ 进行对比。电阻公式中，因为影响电阻大小的因素是导体的长度、横截面积、材料和温度，电阻的大小与电阻两端的电压和通过电阻的电流无关，电阻的大小等于它两端的电压与通过它的电流的比值。得到结论，R 也为常数。这样一来，数学中的公式就对物理的学习起到了正迁移的作用。

（三）课后

在课后，教师要指导学生进行练习，帮助学生巩固所学知识，打下坚实的物理学习基础。物理是需要大量练习的学科，只有通过大量的练习，学生才能更加深入地理解物理原理，把握物理规律。学生只有在做题的过程中进行归纳总结，构建物理思维体系，才能在面对知识点、题目的时候做到心中有数，避免负迁移带来的不利影响。

教师把握好课前、课中、课后这三个阶段，充分利用正迁移，可帮助学生避免物理学习中的负迁移，大大提高学生的物理学习水平。

三、运用迁移策略的主要方式

（一）利用顺向迁移激发创意教学认知潜能

根据美国心理学家奥苏伯尔的认知结构迁移理论，迁移就是一种认知活动，体现了个体学习活动的心理加工过程。因此，教师在教学目标的设定中，就应当将知识点结成“知识链”进行教学。在教学中，教师应不失时机地指出每条知识链中各知识点之间的共同要素，以帮助学生进行顺向迁移，因为心理学告诉我们“新、旧知识间相同要素越多，迁移的分量就越大”。为了充分发挥思维定式的顺向迁移作用，教师的首要任务是加强基本概念、规律的教学，尤其要在对后续知识有重要影响的知识点上狠下功夫，因为这样可借助思维定式的迁移作用而产生使知识增值的效果。如讲授电磁现象中的安培定则与右手定则时，“电生磁”用安培定则，“磁生电”用右手定则，列表进行比较，可以使学生通过比较，找出不同问题的共性、个性及其差异，可有效地加深学生对知识的理解，培养他们的识别能力，进而使他们能正确地理解、掌握、应用知识，预防负迁移的发生。

（二）利用逆向迁移激发创意教学建模潜能

物理教学中，很多概念、规律和性质比较抽象，要想学好物理，首先要在头脑中建立相应的模型，其次要弄明白概念背后的深层含义，最后要将各个模型进行分析、对比、迁移。在物理教学中，教师不但要能引导学生找出每一条知识链中各物理模型之间的关系以进行顺向迁移，而且要能引导学生找出知识链之间各对应物理模型的关系进行逆向迁移，使学生能从某一单元的知识链中编织出整章内容的“知识网”。如在“电场”一章中，从电荷在电场中受到电场力出发，引出了“电场强度”“电场线”等物理模型，形成一条知识链；从电荷在电场中具有电势能出发，引出了“电势”“等势面”等物理模型，形成另一条知识链。这两条知识链虽然有着本质的区别，却存在着许多类同性。如电场力与电势能、电场强度与电势差、电场线与等势面，它们就是一对对相对应的物理模型。教师在教学中应引导学生找出这些类似模型之间的联系和区别，以使学生全方位构建电学知识网。

（三）利用水平迁移激发创意教学创造潜能

“为掌握而学习”是美国著名心理学家布鲁姆首先提出来的，它实质上是一种高度注重巩固所学知识的学习策略和方法。在明晰、准确、牢固地掌握知识的基础上才能产生创造性的思维成果。如不掌握机械波的特性，光的干涉、衍射、偏振的学习就变成了机械性的学习；不掌握电磁波的理论，就很难掌握光的电磁说；不掌握电势能的概念，就难以理解电势与电势差；等等。美国心理学家贾德认为“学习的迁移全在于主体的概括能力或水平”。在教师的指导下，提高概括能力和水平是培养学生水平迁移能力的重要手段。学生平时遇见的物理习题千变万化，但某些问题之间存在着一般性的共同原则或原理，突破一个问题，再进行原则或原理的一般概括，利用水平迁移可自如地解决一类问题。

四、迁移策略在教学中的运用

物理创意教学中，知识的正迁移十分常见。以物理中的速度和压强为例，在学习速度的时候，速度不仅与位移相关，还与完成这段位移所用的时间有关，因而速度可以认为是单位时间内运动的位移：$v=\frac{s}{t}$，v 可以用来描述物体运动的快慢。而在学习压强的时候，可以将压强类比为速度，压强不仅与压力有关，还与受力面积有关，压强就是单位面积内压力的大小：$p=\frac{F}{S}$。通过类比速度的定义和公式，可以很轻松地学习压强的相关知识，这正是正迁移给物理教学带来的积极影响。再比如，讲授完力的合成与分解之后，其他矢量的合成与分解就很容易理解和学习。如速度、电场强度等的合成分解法则与力完全相同，同样遵循三角形定则。在力的合成中，$F_{合}=\sqrt{F_1^2+F_2^2+2F_1F_2\cos\theta}$，同理可得，$v_{合}=\sqrt{v_1^2+v_2^2+2v_1v_2\cos\theta}$，$E_{合}=\sqrt{E_1^2+E_2^2+2E_1E_2\cos\theta}$，这也属于物理知识的正迁移。

知识的负迁移在教学过程中也经常发生。以数学思想在物理中的负迁移为例，在物理中经常会用数学符号、函数、公式等来表示物理规律和性质，很多学生用数学思维来理解这些符号公式，就会产生思维上的混乱。数学中的“+”“-”代表了数值的正、负，也代表了数值的大小，带正号的数字一定大于带负号的数字。而在物理中，标量的正、负号表示大小，如温度 +1 ℃ > -10 ℃，但矢量的正、负号不表示大小，而代表的是矢量的方向，如果此时，学生用数学思维去思考问题，那么就会产生学习上的困惑。再例如，点电荷的场强公式 $E = k\frac{Q}{r^2}$，有的学生根据这一公式得出了当 r 趋于无穷小时，E 趋于无穷大的结论，这一结论忽视了公式成立的条件，当 r 很小的时候，Q 已经不能被看成点电荷了，此时的公式自然是不成立的。再比如，在变压器的学习中，有学生会习惯性地认为高压输电电路电压高，能量损失大，而实际上，输电电路一般输送功率 P 一定，$P = UI$，P 不变，U 越大，I 越小，而功率损失是 $P_{耗} = I^2R$，I 越小，$P_{耗}$ 自然越小，这也是采用高压输电的原因，正是学生在知识迁移中产生的错误理解导致了这种不正确的观点。迁移原理在物理教学中有着很重要的应用，因此越来越受到学校和教师的重视。

第四节　探究策略——洞察物理创意教学的奥妙

随着我国新课程改革的逐渐深入，物理创意教学方式有了很大突破，探究式教学是最主要的标志，成为物理创意教学的主要模式。在新课程改革走向深入后，探究式教学引起了教育界的普遍讨论，产生了强烈的反响。结合这些讨论的声音，我们研究如何在物理创意教学中应用探究策略。

一、探究策略的理论依据

探究教学是指学生在教师指导下，以类似科学研究的方式去获取知识的一种教学形式。考察中外教育史可以发现，含有探究成分的教学活动自古有之。然而，对探究教学的系统研究则始于20世纪初期，美国教育家杜威首次提出了较为系统的探究教学理论，强调培养学生的主动探索精神和解决实际问题的能力，可以说，开辟了教学研究与实践的新领域，引起了人们对学生主体性的极大关注，以及对教师在教育过程中的地位和作用的深刻反思。人本主义探究教学理论主要体现在20世纪末期开始的美国科学教育改革运动中，指导这场改革的纲领性文献《美国国家科学教育标准》（以下简称《标准》）中明确指出："所有的学生是都能学习科学的"，而"学科学的中心环节是探究""科学教学必须参与以探究为目的的研究活动"。《标准》对科学探究下了明确的定义："科学探究指的是科学家们用于研究自然并基于此种研究获得的证据提出解释的多种不同途径。"学生虽不是科学家，但他们模仿科学探究的学习活动就像科学家在从事科学探究一样，所以《标准》又指出："科学探究也指的是学生用以获取知识、领悟科学的思想观念，领悟科学家们研究自然界所用的方法而进行的各种活动。"

我国从20世纪70年代开始引入探究教学理念并逐步推行，但探究教学真正引起多数研究者和教师的关注并在实践中大面积实施则始于新一轮国家基础教育课程改革。新课程改革的重要理念之一是改变传统教学中教师机械传授式教学和学生接受式学习，倡导有利于教师专业化发展的探究教学，主张"注重培养学生的独立性和自主性，引导学生质疑、调查、探究，在实践中学习，促进学生在教师指导下主动地、富有个性地学习"。当前，随着我国新课程改革逐渐走向深入，我对物理学科的教学方式进行有效探究，并且根据实例对讲授式教学和探究式教学的优缺点进行分析，发现探究式教学能够激发学生的学习欲望，培养学生的学习能力。从学生心理角度分析，学习过程其实就是学生提出问题和解决问题的过程，探究式教学更加符合学生的学习心理。物理教学要重点培养学生自主学习的能力，提高学生对物理实验的操作技能，增强学生的理解能力，加深学生对物理知识的掌握和运用程度。

二、探究策略的基本内涵

探究是指对事物进行深度探讨，并且在此基础上开展探索。探究教学在实质上是一种模拟性的科学研究活动。具体来说，它包括两个相互联系的方面：一是有一个以“学”为中心的探究学习环境；二是给学生提供必要的帮助和指导，使学生在探究中能明确方向。也有研究者指出，探究教学实质上是将科学领域的探究引入课堂，使学生通过类似科学家的探究过程，理解科学概念和科学探究的本质，培养科学探究能力的一种特殊的教学方法。还有研究者指出，探究教学是指在教师指导下，学生运用探究的方法进行学习，主动获取知识、发展能力的实践活动。在价值方面，有研究者从宏观层面指出，探究教学对素质教育、创新教育、科教兴国的实现都有着重要的价值；有研究者从中观层面指出，以注重培养学生的自主性和创造性，引导学生质疑、调查、探究，在实践中学习的探究教学能够适应新课程标准的要求，是实施新课程标准的有效教学方式。但也有研究者认为，科学探究教学的目的是强调做科学，忽视学科学，不利于对概念的深层理解。

探究式物理创意教学的主要组成要素包括以下几个方面。

其一，提出问题。学生要在物理课开始之前，对课堂内容进行预习，提出不懂的问题，以便在课堂上与教师讨论。

其二，假设与猜想。学生在预习的过程中，对不懂的问题做出假设的结论，并且通过猜想扩展学生的学习思维。

其三，物理实验。学生在对不懂的问题进行假设和猜想后，在实验中，先按照自己的猜想进行实验，通过实验验证自己的猜想是不是正确。学生要带着问题进行实验，在实验后，一定要注意收集实验数据，并且对实验数据进行分析，进而得出结论。

其四，论证和分析。在得出结论后，学生要将结论同自己的猜想进行有效对比，最后对实验进行评估。在得出实验结论后，教师要组织学生进行交流和沟通，通过合作弥补自己的不足，扩大知识面。

三、运用探究策略的主要方式

（一）培养物理创意教学主动意识的好奇探究

探究学习是指教师用一些新颖的事物来引发学生的好奇心，激发学生自己去探究事物的本质来解决问题。这种方法利用学生的好奇心，促进他们自主学习，深入了解问题的本质，可以提高学生的学习积极性。在物理教学中，很多学生总是在遇到一些相对困难的知识点时就知难而退了，总是觉得自己怎么也学不好，还不如不学；另有一些学生也想要好好地学习知识，但是在思维能力方面不是特别强，遇到一些相对比较难的物理问题时，就不知道应该怎么办了。大部分学生其实都可以将物理这门学科学好，只不过有的学生对于物理没有学习兴趣，还有的学生不愿意动手实践，主动学习的能力差，所以对物理产生了厌学的情绪，这些现象导致物理学习成绩两极分化的现象很明显。

为了能够让每个学生都乐意学物理，学好物理，教师必须要在教学过程中提高学生的学习兴趣，增强学生的创新意识，唤醒学生主动学习的意识，帮助他们积累和学习更多的知识。要做到这些，就需要我们在进行物理创意教学时多采用好奇探究策略，多联系一些生活中的实际问题，激发学生的学习兴趣，培养学生的科学探究意识，让学生能够通过探究课程的学习，爱上物理学习，提高学习物理的自信心和兴趣。

（二）激发物理创意教学创造潜力的联想探究

联想是由一事物想到与之相关的另一事物的心理过程。在物理创意教学中，教师应当逐渐教会学生联想的方法，并恰当地诱发学生的联想，活跃学生的思维。物理与生活、社会存在着千丝万缕的联系，因此，由物理现象联系某些生活现象反映在头脑中，便形成种种不同的联想。在教学中，教师应根据知识的不同特点、教学的不同需要，教会学生各种不同的联想方法。如接近联想，即由某些物理现象、物理问题想起与之关联的内在联系；类似联想，即由某些物理现象、物理问题想起与之相似的思维方法；对比联想，即由某些物理现象、物理问题想起与之相异的思维过程；因果联想，即由某些物理现象、物理问题想起与之有因果关系的事物的思维方式。在解决物理问题的过程中，由因及果的顺向联想与由果及因的追索联想往往是相辅相成，交叉进行的，这两个不同方向的联想接通，解决问题的思路就会豁然开朗。所以，因果联想在物理教学中的应用相当广泛。

教师拿出一件物品，让学生仔细观察，通过联想探究扩散思维，想想这件物品除了现有的功能以外还能做什么，或者改变一下用法来达到新的目的。这样不仅可以让学生明白这件物品的功能，也可以提高学生的变通能力，还可以促进学生潜在的发明创造能力。教师给学生一些图片或连环画，让学生充分发挥自己的联想探究力，通过对图片或连环画的理解来学习知识，提高观察能力、想象能力、记忆能力、学习能力，让每个学生都能有自己的见解。

（三）培养物理创意教学逻辑思维能力的矛盾探究

在物理创意教学中，如何通过矛盾探究式学习来激发学生的探究欲望，让学生主动参与以探究为主的学习活动呢？苏联教育家苏霍姆林斯基曾说过：“在人的心灵深处，都有一种根深蒂固的需要，这就是希望感到自己是一个发现者、研究者、探索者。”我在“牛顿第一定律”一课的教学中，认识到以矛盾冲突引导学生进行科学探究活动不失为一种行之有效的教学方式。力和运动的关系在历史上争论了约 2000 年：古希腊哲学家亚里士多德认为，力是维持物体运动的原因；意大利科学家伽利略认为，力不是维持物体运动的原因。

首先我们做一个实验：在桌上放一本物理书，它是静止的，怎样才能让它运动起来呢？要用力去推它。从这个例子可以看出，物体要运动，需要对它施加力的作用。力是使物体运动的原因吗？2000 多年前，古希腊哲学家亚里士多德根据当时人们对运动和力的关系的认识提出了一个观点：必须有力作用在物体上，物体才能运动。这种观点的提出是很自然的，我们从周围的事物出发，很容易就会得到这个结论，如车不推不走，门不拉不开等。这种观点统治人们的思想约 2000 年。

直到 17 世纪，意大利科学家伽利略才指出这种说法是错误的，他分析认为，运动的车停下来是由于摩擦力的原因，运动物体减速的原因是摩擦力。伽利略指出，物体一旦具有某一速度，没有加速和减速的原因，这个速度将保持不变，这里所指的减速的原因就是摩擦力。为了证实结论的正确，他设计了一个理想探究实验，下面我向大家介绍一下伽利略的理想实验。

探究实验一：用木板做成如右图所示装置，把一个小球放到左边的斜面上，放手后小球从左边斜面上滚下后滚到右边的斜面上，在有摩擦力的情况下，到达右边斜面的高度比左边的释放高度要低。

探究实验二：用玻璃做成如实验一中的装置，把一个小球放到左边的斜面上，放手后小球从左边斜面上滚下后滚到右边的斜面上，由于摩擦力减少，小球到达右边斜面的高度比左边的释放高度略低。

探究实验三：实验装置跟实验一、二相同，用更光滑的材料做实验，假若实验时没有摩擦力（当然没有摩擦力是不可能的，所以伽利略的实验是想象中的理想实验）。我们看一下小球在这个理想实验中会怎样运动——把小球放到左边斜面的某一个高度，放手后由于有加速的原因，所以小球会从斜面上滚下，越滚越快；到右边斜面时，小球会越滚越慢。在没有摩擦力的情况下，小球应达到与左边相同的释放高度。

探究实验四：在实验三的基础上，改变右边斜面的倾角，倾角变小，小球要达到同样的高度，要在斜面上走更远的距离；当右边斜面与地面的夹角为零时，小球将一直滚下去永远达不到左边的释放高度，且这个速度将保持不变。

这个实验虽然是个理想实验，但却是符合科学道理的。

法国科学家笛卡尔补充和完善了伽利略的论点，提出了惯性定律：

如果没有其他原因，运动的物体将继续以同一速度沿着一条直线运动，既不会停下来，也不会偏离原来的方向。伽利略和笛卡尔对物体的运动做了准确的描述，但是没有指明原因是什么，这个原因跟运动的关系是什么。

牛顿总结了前人的经验，指出了加速和减速的原因是什么，并指出了这个原因跟运动的关系，这就是牛顿第一定律：一切物体总保持匀速运动状态或静止状态，直到有外力迫使它改变这种状态为止。

原来，科学结论需要通过实验检验。人们对运动和力的关系的认识经过了从感性认识到理性认识的跃进，这个过程经历了约 2000 年的时间，在此过程中，伽利略做出了卓越贡献。

这样，学生在教师的指导下，通过对比实验，经历了“发现—否定—再发现—再否定”的不断冲突、不断修正的过程，在矛盾冲突中不断产生探究欲望，引发新的探究活动，通过生活中的具体事例进一步理解了科学观察需要确定统一的标准的意义。这对培养学生的科学思想和对周围世界的科学态度极为有利。

教师向学生提出一些有争议和有矛盾的问题后，不要让学生直接解决问题，要让学生保持矛盾的状态，从中找出较好的或者是最好的解决办法，这样，教师也可以了解学生的逻辑思维能力。

（四）培养物理创意教学应变能力的冒险探究

冒险探究式教学是指教师在备课过程中，根据学生掌握知识的能力合理设计一些非常规的或是意料之外的学习目标，针对学生的关注点和兴奋点开展教学活动。教师要根据学生的兴趣爱好以及物理学习基础制订不同层次的探究目标。同时，教师还要将学生的兴趣同高中物理知识点进行有效结合，将探究内容详细分解，避免出现教师代替学生进行探究的情况，确保让学生做到合作探究和自主探究，使探究目标更加符合学生的实际需求。学生按照教师的指示自主地进行探究活动，会对未知充满好奇心及兴奋感，进而提高自身的决断能力，跳出思维的界限，提高随机应变的能力。

（五）挖掘物理创意教学创造潜力的情境探究

情境探究设计是指教师根据教学内容在课堂教学过程中摒弃传统的模式，创设有利于创意教学的教学情境，实现教学过程的整体互动交流，使学生更加容易理解相关教学内容的一种教学构建。在高中阶段，物理课堂中采用情境教学的设计，能在很大程度上提高高中物理的教学质量和学生的学习效率。情境教学在高中物理教学中的应用是非常灵活且多样化的，高中物理课程本身就偏向于生活、自然等方面的相关原理和探索，所以是非常适合应用情境教学的。在课堂教学设计中，教师可结合学生的整体特点和教学内容的重点设计，构建相应的情境教学环境。高中物理教学如果单纯地以课本知识为教学点，教学性和知识性太强，学生是难以理解的。教师可根据教学内容重点，化难为简，将重点的知识进行拆分或者将知识转移到学生熟悉的生活场景中。比如，教师在讲解离心运动的内容时，可将其转移到生活常见的场景中，如与洗衣机、摩天轮等联系，来加深学生的理解。再如，对于平抛运动和斜抛运动，教师也可以让学生结合自身实践或生活场景来理解，有效避免实际教学中出现知识混乱的情况。同时，通过情境的设计与变换，挖掘教师和学生的创造潜力。

（六）加强物理教师创意教学功底的模式探究

创新是社会进步的源泉，探究式教学在应用的过程中，也要进行大胆创新，否则探究式教学就会变成无源之水，不能长久发展下去。物理教师一定要不断创新教学方式，根据学生的知识基础和掌握程度，联系教学实际进行创新，体现探究式教学的价值和意义。对探究式教学进行创新，需要教师有牢固的教学功底，不断更新教学理念，并进行长期实践。同时，学校还要通过教师培训、座谈以及教研等活动，提高教师的教学水平和理论水平。教师要根据教学的实际情况对探究式教学进行模式创新，勤于归纳和总结，以提高教学水平以及课堂效率，充分适应课程改革走向深入后的教育新形势。教师还要帮助学生理解和掌握物理教材中的知识，使其在学习过程中养成善于思考和探究的好习惯，指导学生用新的探究模式思考相关问题，并且进行假设猜想，通过实验得出结论，在锻炼学生探索意识的同时进一步提高学生的学习主动性和课堂的效率。因此，模式探究可有效加强物理教师的创意教学功底。

四、探究策略在教学中的运用

加速度是高中物理的一个重要概念。学生在刚进入高中时，想要直接理解加速度存在困难，教师可通过探究式教学帮助学生加深概念理解。

（一）教学步骤

1. 提出问题

教师要引导学生在生活中发现速度变化的例子，如运动员跑步加速和减速的过程、公交车停车和起动的过程、电梯加速和减速的过程、飞机起飞和降落的过程等，让学生对变速运动产生直观认识，并且对知识产生亲切感，感觉知识就在自己身边，从而产生探究的动机和兴趣。

2. 假设猜想

在提出问题后，学生要进行猜想：运动员跑步的加、减速，汽车的加、减速，电梯的加、减速，飞机的加、减速有什么不同？并且将猜想的问题引入物理学习中，运用生活经验对物理知识进行探究，用生活经验支撑物理知识，让两者有效结合。

3. 物理实验

学生在实验室运用打点计时器演示不同拉力下物体加速度也不同的现象，得出相关结论。学生对加速度知识进行定量研究和定性分析，进而产生感性认识。

4. 得出结论

通过实验以及收集到的实验数据，学生进行有效分析，得出结论：

加速度是描述物体速度变化快慢的物理量，公式为 $a=\dfrac{\Delta v}{\Delta t}$。

（二）教学设计

以高中物理必修一“速度变化快慢的描述——加速度”一课为例说明。

【教学目标】

1．知识与技能

（1）理解加速度的概念、物理意义及其与速度的区别，知道加速度的公式、符号、单位。

（2）理解加速度的矢量性，能判断物体是做加速运动还是减速运动。

2．过程与方法

（1）利用一些通俗的生活事例，如百米起跑、赛车起跑的速度变化快慢情况，或者通过播放相关录像片段的方法来增强学生的感性认识，顺畅地引入加速度的概念 。

（2）在进行新知识探究的同时，适当加入针对性练习及提高能力的题目，培养学生利用知识解决实际问题的能力。

（3）通过研究性课题，学生亲自动手收集分析数据，体验加速度在生活中的意义。

3．情感态度与价值观

（1）通过学习，使学生了解物理学对经济、社会发展的贡献，体会物理与生活的密切关系，提高学生学习物理的兴趣。

（2）通过研究性课题，使学生能领略到生活中的奇妙与和谐，发展对科学的好奇心与求知欲。

（3）培养学生主动与他人合作的精神，并能将自己的见解与他人交流。

【教学重难点】

1．加速度的概念及其与速度的区别。

2．理解加速度的概念。

【教学用具】

课件，带滑轮的长木板、小车，砝码，投影仪，讲义等。

【教学过程】

1. 新课导入

利用多媒体播放赛车、高速列车、自行车、运动员等运动的录像，提出问题让学生思考讨论：谁的速度“增加”得快？如何来表示增加的快慢？

课件展示：某竞赛用的跑车启动时，3.87 s 内速度达到 100 km/h；某高速列车启动时，265 s 内速度达到 250 km/h；某自行车启动时，9 s 内速度达到 15 m/s；而某 100 m 跑运动员起跑时，0.2 s 内速度达到 12 m/s。

师：试根据上述数据，推算出这些物体启动时，速度的增加量和 1 s内速度的增加量，并填入下列表格。

启动物体	启动时速度的增加量（m/s）	1 s 内速度的增加量（m/s）	速度增加的快慢程度（最快、较快、较慢、最慢）
竞赛用跑车			
高速列车			
自行车			
运动员			

学生通过计算得到如下数据：

启动物体	启动时速度的增加量（m/s）	1 s 内速度的增加量（m/s）	速度增加的快慢程度（最快、较快、较慢、最慢）
竞赛用跑车	27.8	7.2	较快
高速列车	69.4	0.3	最慢
自行车	15	1.7	较慢
运动员	12	60.0	最快

师：很明显，这几个运动物体启动时速度的增加量不同，速度增加的快慢也不同，且速度增加大的不一定就增加得快。为了描述物体运动速度变化快慢，人们引入了加速度的概念。加速度就是用来描述物体运动速度变化快慢的物理量。

2. 新课教学

(1) 加速度的含义。

师：请同学们回忆一下，我们是怎样描述物体运动位置的变化的？例如，在直线运动中，物体从 A 点运动到 B 点，建立数轴（如下图所示），设 A 点在数轴上的读数 x_1（一维位置坐标，下同）为 2 m，B 点在数轴上的读数 x_2 为 7 m，则物体运动位置的变化大小为多少？

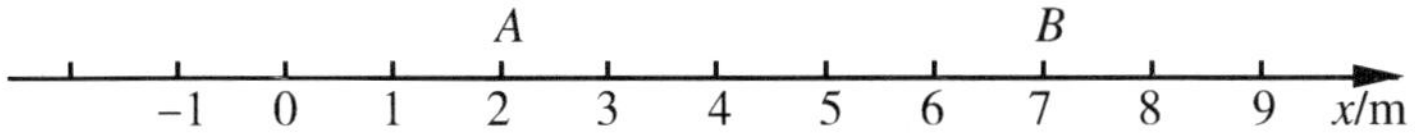

师：如果物体从 A 到 B 是做匀速运动，且所用时间为 $t=10$ s，怎样求这个过程中物体的速度？

师：如果物体做加速直线运动，同样在 10 s 内，速度从 2 m/s 增加到 7 m/s，怎样描述物体运动速度增加的快慢呢？

师：如果用符号 a 表示物体速度增加的快慢，Δv 表示物体速度的变化量，Δt 表示物体速度变化所用的时间，那么用公式如何表达呢？

师：不同物体的运动，速度变化的快慢往往是不同的，再看下面的例子。

例 1：飞机的速度由 0 增加到约 300 km/h，飞机速度的变化是多少？若发生这一变化用时约 30 s，则飞机的速度平均每秒增加多少？

例 2：迫击炮射击时，炮弹在炮筒中的速度在 0.005 s 内就可以由 0 增加到 250 m/s，炮弹速度的变化与发生这个变化所用时间的比值是多少？

(学生讨论后回答。)

师：上述方法就是变速直线运动中描述物体运动速度变化快慢的基本思路和基本方法。其中的 $a=\dfrac{\Delta v}{\Delta t}$ 是变速直线运动中的加速度的基本定义式。在国际单位制中，加速度的单位是 m/s^2，读作米每二次方秒。

师：加速度是矢量，不仅有大小，也有方向。

当物体加速时，$\Delta v=v_2-v_1>0$，时间 Δt 是标量，加速度 a 的计算

值为正值。如果以初速度的方向为正方向（即初速度 v_0 取正值），正值则表示 a 的方向与初速度的方向相同，或反过来说，若加速度 a 与初速度同向，则这个直线运动为加速运动。

当物体减速时，$\Delta v = v_2 - v_1 < 0$，时间 Δt 是标量，加速度 a 的计算值为负值。如果以初速度的方向为正方向（即初速度 v_0 取正值），负值则表示 a 的方向与初速度的方向相反，或反过来说，若加速度 a 与初速度反向，则这个直线运动为减速运动。

师：阅读课文，说说什么是匀变速运动。（如果物体的加速度保持不变，该物体的运动就是匀变速运动）

师：如同平均速度与瞬时速度那样，加速度也有平均和瞬时之分。在匀变速运动中，平均加速度与瞬时加速度有什么关系？［在匀变速运动中，物体的速度随时间均匀变化（增加或减少），每时每刻的加速度（瞬时加速度）与一段时间内的加速度（平均加速度）相同。］

师：匀速直线运动可看成什么运动？（可看成加速度为零的匀变速运动）

（2）实验与探究：体验 1 m/s^2 的加速度究竟有多大。

实验器材：一个斜面（越光滑越好）。

体验方法：把斜面的高度调节为斜面长度的十分之一，（向学生讲明）让小球从斜面上滚下，（注意观察速度变化的快慢程度）小球在这个斜面上运动的加速度便大约是 1 m/s^2，它的含义是物体每秒钟速度的改变量是 1 m/s。

（3）讨论与交流。

①上海磁悬浮列车的最高速度可达 430 km/h，它的加速度一定很大。这一说法对吗？为什么？（不对。当列车匀速运动时，尽管速度很大，加速度可以为零。）

②运载火箭在点火后的短时间内，速度的变化很小，它的加速度一定很小。（不对。由公式 $a = \dfrac{\Delta v}{\Delta t}$ 可知，加速度等于速度的变化量和时间

的比值，因而加速度是速度对时间的变化率。所谓某一个量对时间的变化率，是指单位时间内该量变化的数值，变化率表示变化的快慢，不表示变化的大小。)

(4) 说一说：日常生活中，对于运动的物体可以问它走了多远，是指路程或位移；可以问它走得多快，是指速度；而对加速度，则没有明确相对应的词语，一般只有笼统的“快”和“慢”，往往指的还是速度，但有时也有一些说法指的是加速度。请大家讨论，生活中有哪些说法指的是加速度？

(5) 阅读。

请学生阅读教材中“一些运动物体的加速度”的内容，阅读时应注意：

①注意标题后括号内标明的“$a/(m\cdot s^{-2})$”的含义，注意养成时时关注物理单位的习惯。

②阅读汽车、无轨电车、旅客列车、炮弹加速时的典型值，形成关于加速度大小的印象。

③表中汽车急刹车时的加速度值为负值，这是什么含义？这是因为加速度是矢量，不但有大小，而且有方向，而负号只表示其方向，不表示其大小。

师：加速度大小反映了什么？加速度的方向一定跟什么方向相同？

生：加速度大小反映了物体速度改变的快慢。加速度越大，速度改变得越快；加速度越小，速度改变得越慢。加速度的方向跟速度改变的方向总是相同的。

师：加速度跟速度是否有关？

生：加速度和速度是两个完全不同的物理量，加速度反映了物体速度改变的快慢，而速度反映了物体运动的快慢。不能根据加速度大小判断物体运动快慢（速度大小），也不能根据速度大小判断速度改变的快慢（加速度大小）；同样不能根据加速度方向判断物体的运动方向（速度方向），也不能根据速度方向判断物体速度改变的方向（加速度方向）。

师：物体做匀加速直线运动时，加速度一定为正吗？物体做匀减速直线运动时，加速度一定为负吗？

生：不一定。物体做匀加速直线运动时，加速度方向一定跟物体的运动方向相同；物体做匀减速直线运动时，加速度的方向跟物体的运动方向相反。但是，加速度是正值还是负值，与正方向的选取有关。若取运动方向为正方向，则匀加速直线运动的加速度为正值，匀减速直线运动的加速度为负值；若取运动的反方向为正方向，则匀加速直线运动的加速度为负值，匀减速直线运动的加速度为正值。

师：加速度增加的运动是加速运动，加速度减小的运动是减速运动。这种认识对吗？如果不对，你认为应该怎样根据加速度判断物体的速度是增加还是减小的？

生：不对。加速度的大小反映的是速度变化的快慢，并不能反映速度的大小。应该根据加速度的方向和速度方向的关系，判断速度是增加还是减小。只要加速度方向跟速度方向相同，无论加速度大小如何变化，物体一定做加速运动；只要加速度方向跟速度方向相反，无论加速度大小如何变化，物体一定做减速运动。

（6）速度、速度变化量及加速度有何区别？

速度是用来表示物体运动快慢的物理量，它等于位移和所用时间的比值。而加速度是用来表示物体速度变化快慢的物理量，它等于速度的变化量和时间的比值（速度的变化率）。加速度的大小只反映物体速度变化的快慢，不能反映物体运动的快慢。加速度大，说明物体速度变化得快，并不意味着物体就运动得快；加速度小，说明物体速度变化得慢，并不意味着物体就运动得慢；加速度为零，说明物体速度不变化，但并不意味着物体的速度为零，物体可能以很大的速度做匀速直线运动。不仅速度大小和加速度大小没有必然联系，速度方向和加速度方向也没有必然联系。加速度方向与速度方向可能相同，也可能不相同。对于速度的变化量和加速度的区别，可根据加速度的定义 $a=\dfrac{\Delta v}{\Delta t}$来理解，加速度是速度的变化率，而不是速度的变化量，表示的是速度变化的快慢，而不是速度变化的多少。速度的变化量不仅与加速度有关，还与时间有关。因此，根据加速度不能判断速度的变化量的大小，反过来，根据速度变化量的大小也不能判断加速度的大小。

加速度和速度的区别：

A. 速度大，加速度不一定大；加速度大，速度不一定大。

B. 速度变化量大，加速度不一定大。

C. 加速度为零，速度可以不为零；速度为零，加速度可以不为零。

（7）例题剖析。

例 1：计算题。

①做匀加速运动的火车，在 40 s 内速度从 10 m/s 增加到 20 m/s，求火车的加速度。（答案：$a = 0.25\ m/s^2$）

②汽车紧急刹车时做匀减速运动，在 2 s 内速度从 10 m/s 减小到零，求汽车的加速度。（答案：$a = -5\ m/s^2$）

例 2：判断下列说法是否正确。

①做匀变速直线运动的物体，它的加速度方向和速度方向总是相同。

（答案：错。只有做匀加速直线运动的物体，它的加速度方向和速度方向相同。）

②做匀变速直线运动的物体，它的速度变化越大，加速度越大。

（答案：错。速度变化大，但不知所用时间的多少。）

③做匀变速直线运动的物体，它的速度变化越快，加速度越大。

（答案：正确。）

（8）分组探究。

探究 1：某同学骑着自行车和学校百米冠军赛跑。观察并思考，起跑时谁的加速度比较大些？将观察结果与同学交流一下，得出较一致的结论。

参考：创造条件，亲自观察，培养有目的的观察的能力；加强交流，善于交流，增强协作精神。

比较方法：相同时间内，谁的速度变化得多，谁的加速度就大。

探究2：小球沿斜面的运动可近似看成匀加速直线运动。猜想一下，加速度的大小与哪些因素有关？（比较加速度的大小时，可通过观察小球滚动时速度改变的快慢来进行）

要求：①将猜想的结果互相讨论，最后得出共同的猜想。若有条件，可以用实验检验一下你的猜想。②实验探究时要注意加强交流与合作，检验猜想时要注意控制变量。

参考：①几种可能的猜想：小球的质量、斜面的粗糙程度、斜面的倾角、斜面的长短等。（还有什么可能，你自己去猜想，这里给出的只是参考，并不一定是标准答案，要善于通过讨论和交流最后得出正确的答案。）

②探究时，一定要先设计好实验方案，注意体会控制变量法。可保持其他量不变，研究小球质量与加速度的关系；研究粗糙程度与加速度的关系；研究倾角与加速度的关系；研究长度与加速度的关系等。

根据上述信息，回答下列问题：我国航天英雄杨利伟乘“神舟五号”飞船升入太空和返回地面的过程，采取什么姿势（站、坐、躺）较好？身体与加速度方向有什么关系？（答案：躺，垂直）

3. 从 $v-t$ 图像看加速度

师：速度—时间图像描述了什么问题？怎样建立速度—时间图像？

生：速度—时间图像是描述速度随时间变化关系的图像，它以时间轴为横轴，以速度轴为纵轴，在坐标系中将不同时刻的速度以坐标的形式描点，然后连线，就画出了速度—时间图像。

（1）思考与讨论。

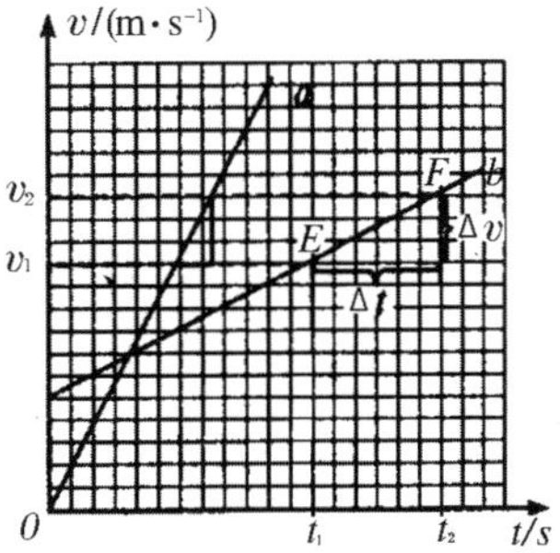

如右图，两条直线 a、b 分别是两个物体运动的速度—时间图像，哪个物体运动的加速度比较大？

（教师引导，学生讨论后回答。）

学生在没有学习斜率概念前，可以用陡度的“平缓”或“陡”来表述。

师：我们可以从直线上任意选择间隔较大的两点来找到这两个点间的速度变化量Δv，时间间隔Δt。

生：这样就可以定量求加速度了，用加速度的定义式$a=\frac{\Delta v}{\Delta t}$就行了。

（2）课堂训练。

如右图是某质点做直线运动的$v-t$图像，从图上求出各段的加速度。

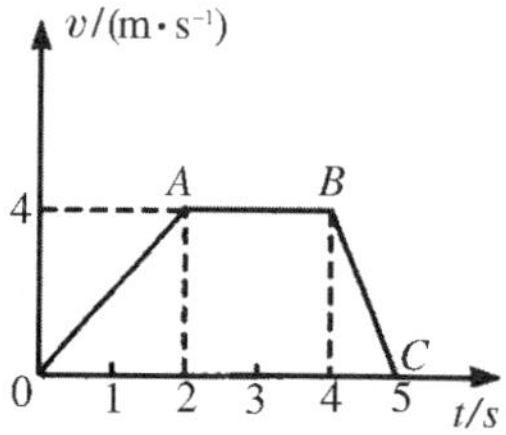

（答案：2 m/s^2，0，－4 m/s^2）

4. 比较速度、速度的变化量和加速度

（1）速度等于位移跟时间的比值。它是位移对时间的变化率，描述物体运动的快慢和运动方向，也可以说是描述物体位置变化的快慢和位置变化的方向。速度越大，表示物体运动得越快（或位置变化得越快）。速度的方向就是物体运动的方向，速度是状态量，与时刻（或位置）相对应。

（2）速度的变化量是描述速度改变的多少，它等于物体的末速度和初速度的矢量差。它表示速度变化的大小和变化的方向，速度的变化量是过程量，它对应着某一段时间（或某一段位移）。

（3）加速度是速度的变化与发生这一变化所用时间的比值，也就是速度对时间的变化率，在数值上等于单位时间内速度的变化量。它描述的是速度变化的快慢和变化的方向，加速度的大小由速度变化的大小和发生这一变化所用时间的多少共同决定，与速度本身的大小以及速度变化的大小无必然联系。

5. 小结

本节课重点学习了加速度的概念及其特性，注意加速度是矢量及这里的“加”并不是“增加”的意思，它反映的是速度变化快慢的程度。

第三章　物理创意教学的创新设计

物理创意教学设计旨在探索一种新的课程教学模式，即以创意性学习为主要内容，以学生的主体活动及体验学习为主要形式，以培养学生的发展性学力、创造性学力为主要目标的课堂教学组织形式。在教学设计方面，我在“活”“灵”“动”三个字上做文章。“活”就是课堂气氛热烈，学生思维活跃，课堂充满活力，教师教学时注意以情激趣，以情引趣，以情促知，以情育人，用富有情趣的课堂吸引学生，更注意将“微笑带进课堂”，和学生共同营造和谐、民主、宽松的教学氛围，为“活”创造良好的条件。“灵”指教师设问、点拨、举例、讲解的每一个环节都充满机智，甚至出人意料又在情理之中，善于调动学生主动参与的积极性，善于激发学生的创造性思维。“动”是认识的源泉，智慧从“动”开始，当每一个学生的各种内在潜力被充分激发时，学生就能全员动起来，全程动起来，创造一个充满活力的主动学习环境。

第一节　故事设计让物理创意教学更精彩

《狼来了》的故事让我们懂得诚实的重要，《丑小鸭》的故事让我们不因眼前的贫贱而自卑，伽利略用理想斜面实验证明力不是维持运动的原因的故事告诉我们科学设计的重要。在成长的过程中，各种各样的故事陪伴着我们长大，故事在丰富生活的同时，也影响着生活，我们在欣赏故事的同时，也能成为故事的主角。故事是一种力量：当学习疲惫的时候，一个幽默的故事能让人精神焕发；当学习遇到困难，感到追求的目标遥远的时候，法拉第十年努力追求，最终发现电磁感应现象的传奇故事能让人重新振作，充满信心，动力倍增。物理中也有关于学科的发展史与故事，这些都是宝贵的教学资源，是给物理创意教学“添色增趣”的有效手段。所以，在物理创意教学中，教师可结合教学内容，灵活穿插相关物理故事，牵引学生的思维，调动学生推导与分析的积极性，拓宽学生的视野，引导学生发现其中的科学探究方法，学习科学家的良好品质，提高物理素养。故事具有趣味性、哲理性、教育性、启发性、适用性、联系性等特点，如果能把故事的这些特点与物理创意教学的设计完美地结合，则会让物理创意教学更加精彩。

一、用故事创设问题氛围，激发创意教学的精彩

问题是思维的动力、创新的基石。将学生置于问题的氛围中，可激发学生的求知欲，使之在问题中求知，在问题中学习，在问题中发展。学习过程是学生发现问题、提出问题、分析问题和解决问题的过程。但问题的创设应是在一定的情境和时机下自然形成的，否则会引起学生的排斥。用故事创设问题可以作为激发物理创意教学精彩的元素之一，故事的趣味性、情节的连续性所带来的悬念，能引起学生的好奇与关注，使学生处于一种惊奇、猜想、期待的学习状态，如此一来，学习对学生来说就不会是负担与压力，而是快乐与幸福。如在学习“凸透镜”这一内容时，我以电视节目中的一个故事为开头。广东省的张明一个人住在一栋旧式五层楼房的顶层，前些天因为下雨，早上出门时，他把有些回潮的被单晒在阳台上就上班去了。中午时，张明忽然接到邻居打来的紧急电话：“你家着火了，快回来!”待张明赶到家时，消防员已在救火，火被扑灭时，他的家当已损失了大部分。张明觉得起火原因可疑，于是就报了警。警察经过仔细排查，排除了人为纵火的可能，并且指出着火点是阳台的被单。至于起火原因，警察也无从着手，最后惊动了消防专家。专家经过细致地勘查分析，最终得出了一个令张明吃惊的结论：火灾是阳台上方一个透明塑料雨篷所积的雨水引起的。故事到此，

我提出问题：为什么雨篷所积的雨水会引发火灾？请大家带着问题去自主理解凸透镜聚焦的原理，然后帮张明解决问题。

二、用故事启迪学生心灵，焕发创意教学的精彩

许多物理学家在追求真理的道路上，锐意进取，历尽坎坷，顽强拼搏，谱写了一个个平凡朴实、撼人心魄、激情飞扬、璀璨绚丽的精彩故事，留下许多不朽的精神财富。

（一）故事启迪心灵美

自然科学发展史贯穿着物理学家不怕困难、艰苦奋斗、不屈不挠、忘我工作、勇于探索、勇于献身的感人至深的故事。我国是四大文明古国之一，在物理学史上留下了光辉灿烂的篇章，并在相当长的时间内居于世界领先地位。如指南针不仅在我国古代军事、生产、日常生活中起着重要作用，而且对促进东西方文化交流和世界的发展都有功绩；钱学森放弃优越的工作生活环境，突破美国的重重阻挠回到祖国，为我国航天事业的迅速发展做出重大贡献；核专家邓稼先隐姓埋名，数十年如一日地勤奋工作，默默无闻地研制原子弹、氢弹；杨振宁、丁肇中、李政道等华裔物理学家获得诺贝尔奖；等等。这些事迹能唤起学生的民族自豪感和责任感，激起他们的爱国情感，进而产生报效祖国和建设祖国的抱负和决心。

物理学习需要胜不骄，败不馁，具有坚强的意志品质；需要严谨踏实、勤奋努力、一丝不苟、精益求精的学习态度。很多学生面对学习困难时会感到自卑，认为自己笨，却不知牛顿小时候并不聪明，学习成绩也不好；儿时的爱因斯坦直到三岁说话还不流利，六岁上小学时成绩平平，经常因语言能力不强回答不出教师的提问而受罚；爱迪生八岁才进学校读书，只学习了三个月就被教师赶出了学校。可见，那些大科学家、大发明家也并不是神童，也是由普通人成长起来的。也有很多学生认为自己基础差，却不知英国的焦耳只是一位普通的酿酒师，并没受过

系统的教育，但他却精确测定了热功当量；英国的法拉第只受过初等教育，13 岁就到书店当学徒，美国的富兰克林也是幼年即辍学到印刷厂当学徒，却都为电磁学做出了重要贡献；瓦特只是个修理工却改进了蒸汽机；爱迪生只上了三个月学却获得了一千多项专利；荷兰的惠更斯学的是法律，德国的亥姆霍兹、意大利的伽利略学的是医学，却都为物理学的发展做出了贡献。这些故事必将给学生以重要启迪和感召，不但能激励学生珍惜时间学习，而且能培养他们不计名利、锲而不舍、独立思考、实事求是的个性品质，振奋他们追求真理、埋头苦干、勇于创新、献身科学的精神。

（二）故事启迪物理美

杨振宁在《美和理论物理学》一文中描述：“理论物理学里有物理现象之美、理论描述之美、理论结构之美。”物理学之美还体现在简洁和谐中。爱因斯坦认为，科学美在本质上是简单的，从基本粒子到天体，物质的结构和运动纷繁复杂，但物理学家都巧妙地在复杂的真实世界中，把研究对象抽象出最简单的物理模型，其质能方程 $E=mc^2$ 用最精炼的语言、最少的符号，揭示了奥妙无比的自然规律。而牛顿万有引力定律则将天上地下、宏观与微观都统一起来，具有高度的和谐统一美。

（三）故事启迪奉献美

英国物理学家汤姆生发现电子后，提出了原子“枣糕”模型，他认为带负电的电子均匀地镶嵌在原子中。他的学生，英国物理学家卢瑟福通过著名的“α 粒子散射实验”，建立了原子核式结构学说，认为带负电的电子围绕原子核高速旋转，否定了汤姆生的假说。由于卢瑟福的核式结构学说在解释“原子是稳定的”及在解释光谱问题上存在诸多困难，丹麦物理学家波尔又提出了新的原子结构假说。波尔理论虽然能成功地解释最简单的氢原子光谱，但是对稍微复杂的原子光谱就不能完全解释了，最后，人们利用量子力学建立了“电子云”概念，才正确认识了原子的结构。知识就是在这样不断地更新，后人站在前人的肩上，克服了前人的片面性和局部性，吸收了前人的成果，使人类的知识更加全面、深入、完整。而学习也是如此，它是一个不断提高、不断完善的循序渐进的过程。

（四）故事启迪真理美

在真理面前人人平等，很多科学家敢于质疑权威，反对迷信，即使以生命为代价，也无怨无悔地寻找真理。如泊松质疑菲涅耳光的衍射理论促进了泊松亮斑的发现；迈尔宣扬能量守恒定律，最后被逼得精神失常；布鲁诺宣扬日心说被活活烧死。意大利物理学家和天文学家伽利略是利用望远镜观察天体取得大量成果的第一人。1610 年初，伽利略通过望远镜发现月球表面凹凸不平，并观察到木星的卫星、太阳的黑子、金星的盈亏现象，有力地支持了哥白尼学说，但当时教皇保罗五世却宣布禁令，禁止伽利略以口头或文字的形式支持、传授或捍卫日心说；伽利略坚持真理，反对托勒玫的地心说，罗马教廷大为震惊，于 1633 年判处年近七旬的伽利略终身软禁；1979 年 11 月 10 日，梵蒂冈教皇保罗二世代表罗马教廷正式承认，17 世纪 30 年代教廷对伽利略的审判是不公正的，伽利略蒙冤 300 多年才昭雪，真理不畏强权，其精神为后人永远景仰。这些经典事例，在熏陶学生情操、启迪学生心灵的同时，更能激起学生去探求物理的真谛。

三、用故事活跃课堂情境，绽放创意教学的精彩

物理贴近生活，从生活和文学作品中挖掘与教学相宜的幽默故事，创设课堂情境，可使学生在轻松愉快的气氛中将抽象的物理理论透彻理解，并深深印在脑海里，绽放创意教学的精彩。

（一）相对运动故事——大风把水井刮跑

在小说《镜花缘》中，宝云问奶公家乡有什么趣闻，奶公说：“别无

新闻，只有去岁起了一阵大风，把我院内的一口井忽然吹到墙外去。”

水井也能在地上跑？原来是篱笆墙被风吹得越过了井口，以篱笆墙为参考系，井口发生了相对运动。古人也幽默啊！

（二）摩擦力故事——上坡刹车

夫妻二人骑双人自行车外出郊游，二人吃力而艰难地爬上了一个大坡后，丈夫一边喘气一边说道：“这个坡可真陡，真难爬，累死我了！”妻子附和道：“可不是，要不是我一直紧捏着刹车，咱们早滑下去了。”

妻子的刹车对爬坡有利还是有害呢？学生都对故事里的笨妻子抱以微笑。这个例子说明滑动摩擦力与相对运动方向相反，学生理解透彻，印象深刻。

（三）施力物体和受力物体——张飞和关羽比力气

话说“桃园结义”之后，张飞对排在关羽之后感到不服气。一次，张飞向关羽提出比力气：谁能把自己提起来，谁的力气就大。说罢，他用双手紧抓自己的头发往上提，但无论怎么使劲都不能使自己离开地面；关羽则找来一根绳子，把绳子的一端拴在自己腰上，另一端跨过一个树杈，双手使劲向下拉，结果身体慢慢离开了地面。

张飞为什么失败了呢？张飞用手向上拉自己的头发，手给头发一个向上的力，但头发同时也给手一个向下的反作用力，相互作用的这两个力大小相等，方向相反。用整体法进行研究，把张飞身体看作一个物体，这两个力均是内力，外力为零，只有外力才能改变物体的运动状态。关羽因为把绳子跨在树杈上，通过树杈和绳子使他的身体受到向上的外力，利用的是定滑轮的原理，因此能把自己提起来。

（四）不可逆过程——活猪变香肠

两人互相吹牛，法国人说：“我们国家有一种最先进的机器，你从这边把活猪推进去，那边就会自动出香肠和罐头。”美国人说：“我们的机器比你们的先进多了！当我们不喜欢香肠和罐头时，从那边把香肠和罐头送进去，这边就自动出活猪！”

利用自动化设备，活猪可以在流水线上制作成香肠和罐头，但香肠和罐头无论如何是不可能被制作成活猪的，学生们当然理解猪死不能复生的道理。把此例联系到一切宏观自然过程都具有方向性，学生对热力学第二定律就有了更深刻的理解。

第二节　史料设计让物理创意教学更有趣

在物理创意教学中引入物理史料设计，是激发学生学习兴趣、提高课程质量的一个重要抓手。我结合在物理创意教学中引进物理史料的经验，就物理史料与物理创意教学的关系、物理史料对提高物理创意教学的效果等问题展开研究。

一、史料中的趣闻轶事，让物理创意教学更具趣味性

在物理创意教学中穿插一些物理学家的趣闻轶事，能调节课堂气氛，消除课堂的枯燥、死板现象，让物理创意教学更加有趣，也有利于学生感受物理学的厚重感和历史感。物理学大背景下的一些趣闻轶事能够让学生体会文化创造和积累之间的必要关系，认识知识发展过程中的艰辛，从而珍惜学习机会，全面提升物理学习的兴趣和效率，对教学效果的提高有着积极的意义。

（一）趣闻让教学内容更丰富

1. 泡利的遗憾

泡利出生于维也纳一个研究胶体化学的教授家中，是 20 世纪少有的天才之一，他的教父是被爱因斯坦称为相对论先驱的马赫先生。在泡利 21 岁的时候，他为德国的《数学科学百科全书》写了一篇长达 237

页的关于狭义和广义相对论的文章，该文到今天仍然是该领域的经典文章之一。爱因斯坦曾经评价说：“任何该领域的专家都不会相信，该文出自一个年仅21岁的青年之手，作者在文中显示出来的对这个领域的理解力、熟练的数学推导力、深刻的物理洞察力、明晰的问题思辨力、系统的表述、对语言的把握、对该问题的完整处理和对其评价，是任何一个人都会感到羡慕的。”泡利作为一个物理学家，眼光是相当锐利的，比如，泡利曾对费曼说：“惠勒永远做不出那个超前推迟势的量子力学推广。”（果然他没做出）费曼事后着实被泡利的眼光震惊了。不过泡利一生最遗憾的是，他是那个时代公认的最聪明的物理学家，却没有做出一项划时代的发现。他一生喜欢评论别人的东西，经常是一针见血，不过很可惜，他一生反对错了最重要的两件事情，一个是电子自旋，一个是宇称不守恒。可能一个人过于敏锐了，对于一些违反常规的想法就有一种本能的抵制。

2. 多普勒的验证

大家都知道，限于当时的条件，多普勒不可能像我们今天一样运用计算机记录下波形数据，然后比较频率。那他怎么办的呢？他请了一帮吹小号的人坐在火车拉的平板车上，然后请了一帮能听出绝对音高的音乐家坐在铁轨旁，让那帮音乐家用他们的耳朵记录下火车靠近和离开的时候的声音。多普勒公式就是这么验证的！

3. 费米的超强记忆

费米堪称20世纪物理学界最后一个全才，在理论和实验上都有非常深的造诣，是可以跟爱因斯坦、玻尔比肩的大师。他不但目光锐利，善于抓住主要问题，而且思维敏捷，实验理论都是一流，还会教学生，作为一个物理学家，简直是完美。费米的轶事多不胜数，研究原子弹的时候，很多资料涉及机密，可以说是人手一个密码柜，当时费米就极擅长开这种密码锁。有一次，他去了趟另一个部门，走后该部门就有文件下来：凡是费米碰过的柜子，统统换密码。

（二）轶事让教学内容更有趣

1.“伟大的发现是一个人”的法拉第

法拉第的老师戴维是一个誉满全球、世界公认的大化学家，相传他在瑞士日内瓦养病时，有人问他一生中最伟大的发现是什么，他绝口不提自己发现的钠、钾、氯、氟等元素，却说：“我最伟大的发现是一个人，是法拉第！”

1791 年 9 月 22 日，法拉第出生在一个铁匠的家里。他父亲体弱多病，铁匠铺开不下去了，最后只好盘给人家，自己去当帮工。为了维持生活，法拉第 12 岁当报童，13 岁去里波先生的书店里当学徒，学装订手艺。里波先生的书店在伦敦是很有名气的，加上法拉第手艺出众，态度和气，赢得了顾客的好感。因此，伦敦皇家学会很多会员都乐意把自己的科技书籍送来装订。顾客中有位当斯先生很喜欢法拉第，有一次，他送给法拉第几张入场券，让他去伦敦皇家学院听大化学家戴维的讲座。1812 年 2 月的一个晚上，法拉第生平第一次跨进伦敦皇家学院的大门，坐在阶梯形的讲演厅里，他的心情紧张而又焦急。戴维终于出现了，大厅里响起一阵阵热烈的掌声。戴维讲的内容是发热发光物质，讲得那么轻松，却又那么透彻。他精神抖擞，神采奕奕，天才的光华和热力，似乎正从他的身上向外辐射。法拉第被深深地吸引了，他飞快地记着，笔记本翻过一页又一页。法拉第一连听了戴维的 4 次讲座，好像游历了美丽、庄严、圣洁的科学殿堂，那里阳光灿烂，照得他心里光明、温暖。他把 4 次听讲的笔记仔细整理以后，用漂亮的皮封面装订成册。他经常轻轻地翻阅，多么渴望能从事科学研究工作啊！遗憾的是，在那个时代，命运对穷人从来不露笑脸，它总是一副威严、狰狞的面孔，迫使你对它膜拜和屈服。然而，法拉第顽强地和命运搏斗，他写信给当时的英国皇家学会会长班克斯爵士，请求在皇家学院找个工作，哪怕在实验室里洗瓶子也行。他心神不宁地等了整整一个星期，音信全无。他忍不住跑到皇家学院去打听，得到的回音只是冷冰冰的一句话：“班克斯爵士说，你的信不必回复！”受到这个屈辱的打击，法拉第感到伤心，但他毫不气馁，他鼓起勇气给戴维写信，并且把装订成册的戴维4次讲座的笔记一起送去。法拉第巨大的热情、超人的记忆和献身科学的精神感动了这位大化学家，他让法拉第到皇家学院化学实验室当了他的助手。从此，科学圣殿的大门向学徒出身的法拉第打开了！

2. 荣获诺贝尔物理学奖的“足球运动员”玻尔

丹麦物理学家玻尔在1913年任哥本哈根大学编外教授，以发表的著名的论文《原子和分子结构》，作为他迈向森严的科学王国的伟大起点。1921年，哥本哈根大学根据他的倡议成立了一个理论物理研究所，他是新成立的哥本哈根理论物理研究所所长。在他的周围聚集着许多有为的年轻理论物理学家，如海森堡、泡利、狄拉克等，他们互相磋商，自由讨论，不断创新，充满着集体主义和友善精神。环境没有拘束，工作集思广益，他们解决了许多现代物理学中最深奥的课题，形成了著名的“哥本哈根学派”，而玻尔成了这一学派的领袖。在当时，哥本哈根可以说是物理学家“朝拜的圣地”。玻尔在接受卢瑟福的有核模型后遇到了无法回避的矛盾，他把爱因斯坦和普朗克的量子论与核式原子结构结合起来，提出了三个假设，成功地解释了氢原子的发射光谱，因而获得了1922年的诺贝尔物理学奖。玻尔在工作之余经常参加体育锻炼，当1922年在斯德哥尔摩给他授奖时，有一家丹麦报纸就这样风趣地报道“授予‘著名足球运动员玻尔’诺贝尔奖”。

二、史料中的历史发展观，让物理创意教学更具条理性

在物理教学中，大多数学生反映物理难学。怎样才能运用物理史料设计更有条理性的创意教学，使学生好学、愿学、想学？我运用物理学科发展的历史进程及其对社会的贡献来打动学生，唤起学生的求知欲望。如17、18世纪，牛顿力学的建立和热力学的发展，不仅有力地推动了其他学科的进展，而且适应了发展机械工业的社会需要。以蒸汽机的发明和应用为标志的第一次工业革命，极大地改变了工业生产的面

貌，提高了生产效率。到了 19 世纪，在法拉第、麦克斯韦电磁理论的推动下，人们成功地制造了电机、电器和各种电讯设备，引起工业电气化，使人类进入应用电能的时代，产生了第二次工业革命，电能等清洁能源被大面积使用和推广。20 世纪以来，由于相对论和量子力学的建立，人们对原子、原子核结构的认识日益深入，实现了原子核和人工放射性同位素的应用，而量子力学微观理论的成果，又直接促成了半导体、核磁共振、激光等新技术的发明，使人类进入原子能、电子计算机、自动化、半导体、激光、空间科学等新技术的时代。通过这样的介绍，学生认识到了学习和掌握物理知识的重要性和必要性，认识到了物理是推动社会进步的动力，学习动机得到激发。

三、史料中的观点辩证法，让物理创意教学更具实践性

通过物理史料的学习可以发现，物理学的萌芽、产生和发展，都是建立在唯物主义基础上的，有许多辩证唯物主义认识论和辩证法等观点的例证。因此，运用物理史料辅助物理创意教学，可以加强对学生的辩证唯物主义教育。

1. 成熟理论来源于实验

许多物理定律是从大量的实验事实中总结出来的，如牛顿运动定律、能量守恒定律、动量守恒定律、开普勒定律、库仑定律等。

2. 实验是验证是非的标准

物理学中经常出现对同一问题的两种不同的观点，是非最终由实验事实给出判定。比如，从 17 世纪以来光的微粒说和波动说，到 20 世纪初爱因斯坦提出光的波粒二象性，无不和历史上光学实验一步步的发展有关。

3. 实验是修正错误理论的依据

19 世纪末，经典物理学达到了辉煌的盛世，出现了经典物理学发展的“顶峰论”，由于实验技术的进一步发展，发现了一系列经典理论无法解释的新现象，否定了“顶峰论”这一形而上学的观点。

4. 理论的确立有赖于实验的检验

德布罗意1924年提出物质波的概念，虽有爱因斯坦的大力支持，但仍遭到许多科学家的反对，直到1927年戴维孙—革末实验为物质波理论提供了实验依据，才为人们广泛接受。

从以上几个方面可以看出，理论来源于实验，并接受实验的验证。在物理教学中，培养学生实践第一的世界观，把它渗透进去，有助于学生辩证唯物主义世界观的形成。这样，不仅对学生的学业有益，也可使学生在今后遇到其他问题时能够冷静地思考，在分析中得出正确结论。

四、史料中的科学方法论，让物理创意教学更具科学性

物理创意教学不仅要传授知识，还要对学生进行科学方法论教育，培养学生的物理思维方式、核心素养和态度，使学生在其他学科的学习和以后的工作中，能运用科学的方法论和认识论去探索问题和解决问题。贝尔纳说过：“良好的方法能使我们更好地发挥天赋的才能，而拙劣的方法会阻碍才能的发挥。”由此可见，科学的方法对培养学生的智能是至关重要的。在物理教学中，结合物理史料对学生进行科学的方法论教育，可收到良好的效果。物理学中经常提到的抽象与概括法、类比法、归纳与演绎法、理想模型法、控制变量法等，都可在物理学的发展历史中找到成功运用的例子。如牛顿第一定律、麦克斯韦电磁场理论等都用到了抽象与概括法；重力势能和电势能、电场强度和磁感应强度等都用到了类比法；万有引力定律用到了归纳与演绎法；质点、刚体、简谐振动、理想气体、点电荷等都用到了理想模型法；牛顿第二定律实验、安培力实验等用到了控制变量法。在学习上，能在一定程度上掌握上述方法的学生，他们对物理概念的理解大多比较深刻，对物理规律的应用也大多比较灵活，也不感到物理学抽象难学。因此，在物理教学中有目的地将物理学家们在进行物理研究时使用的方法介绍给学生，可以大大提高学生理解问题和分析问题的能力。

第三节　生活设计让物理创意教学更鲜活

物理来源于生活，应用于生活，物理教学应以学生的生活背景、已有经验为呈现学科知识的载体，通过创设生活情境使物理创意教学更鲜活。物理课程应贴近学生生活，符合学生认知特点，通过探索生活中的物理现象，激发并保持学生的学习兴趣，揭示隐藏在其中的物理规律，并将其应用于生产生活实际，让学生感觉到物理就在生活中。新课程改革的一个基本理念就是教育要面向生活，即面向学生周围的生活环境、生活经验及未来生活的发展趋势，实现书本知识与生活知识的融通。通过学习，学生能够依据生活经验来实现对知识的有效构建，能深刻感悟所学知识的生活意义和价值，提高分析和解决实际问题的能力。

在实际教学中，我发现学生的学习与生活实际的联系不太密切，这阻碍了学生自主投入的学习。究其原因：一是教材与学生的生活实际有距离，与学生的实践运用有距离；二是教师常从学科的角度提出问题，对于这些问题，学生可能感到意义不大，而且觉得较为生疏；三是学生对生活中的物理现象不太注意观察，问题意识较为薄弱，找不到适合自己的探究内容；四是学生学习知识时不能很好地联系生活，不能应用学到的知识去解释周围环境中的物理现象；五是现在的学生关心的更多的是手机、电脑网络等虚拟生活，欠缺实际生活的历练和积累，如很多学生没有骑过自行车，螺丝刀、钢丝钳、钣手、电烙铁等常见工具从没有主动地去接触、使用过，更不用说去探究它们的工作原理了。物理创意教学的生活设计就是要加强教学内容与学生现实生活的联系，让物理知识从生活中走来，再回归生活，既能让学生感受生活化的物理，用物理的眼光看待周围的生活，在生活中增强物理意识，又利于学生发掘自主学习的潜能。

一、联系生活实际，让物理创意教学更充实

物理知识除了从课堂上学到外，还可以从生活中学到。因此，应该提倡多渠道学习，让学生到生活中汲取物理知识的营养。在农村的孩子可以说有许多得天独厚的学习物理的优势，在农村生产中就有很多物理知识。如传统农具锄头、钉耙包含了杠杆知识和摩擦力知识等，农具抽水机、拖拉机包含了功和功率知识，迎风扬场打谷子利用了惯性原理。利用这些资源进行创意教学，学生在成功的快感中激发了学习的兴趣，感受到物理是如此贴近生活，如此有用。在教“长度和时间的测量”一课时，可利用学生已有的关于长度测量的经验，设计这样一道生活情境题：在用尺子测量门框的长度时我们会选用哪一把刻度尺？从题中让学生明白刻度尺使用前要先观察刻度尺的量程和分度值，根据实际的需要来选择合适的刻度尺进行测量，并在选用不同刻度尺测量同一物体的过程中，让学生了解刻度尺的准确程度是由其分度值决定的，要根据实际需要的不同测量精度选择不同的刻度尺。原先不太容易被学生理解的内容由于生活经验的支撑，学生得以主动构建。下面通过一些生活实例来介绍怎么让学生领会物理科学在社会生活生产中的实际应用。

（一）为什么会下雨

雨水是人类生活中最重要的淡水资源，植物要靠雨露的滋润而茁壮成长，但暴雨引发的洪水也会给人类带来巨大的灾难。地球上的水受到太阳光的照射后，就变成水蒸气被蒸发到空气中去了。水蒸气在高空遇冷便凝聚成小水滴，它们又小又轻，被空气中的上升气流托在空中，就是这些小水滴在空中聚成了云。这些小水滴要变成雨滴降到地面时，它的体积大约要增大100多万倍。这些小水滴是怎样使自己的体积增大到100多万倍的呢？它主要依靠两个手段：其一是凝结和凝华增大，其二是依靠云滴的碰撞增大。在雨滴形成的初期，云滴主要依靠不断吸收云体四周的水汽来使自己凝结和凝华。如果云体内的水汽能源源不断得到

供应和补充，使云滴表面经常处于过饱和状态，那么，这种过程将会继续下去，使云滴不断增大，成为雨滴。但有时云内的水汽含量有限，在同一块云里，水汽往往供不应求，这样就不可能使每个云滴都增大为较大的雨滴，有些较小的云滴只好归并到较大的云滴中去。如果云内出现水滴和冰晶共存的情况，那么，这种凝结和凝华增大过程将大大加快。当云中的云滴增大到一定程度时，由于大云滴的体积和重量不断增加，它们在下降过程中不仅能赶上那些速度较慢的小云滴，还会“吞并”更多的小云滴而使自己壮大起来。当大云滴越长越大，最后大到空气再也托不住它们时，便从云中直落到地面，成为我们常见的雨水。

（二）摩擦的利与弊

摩擦有“三兄弟”，即静摩擦、滑动摩擦和滚动摩擦，它们都是摩擦家族的成员。说起摩擦，大家一定不陌生，因为摩擦是我们生活中司空见惯的现象，我们每时每刻都在和摩擦打交道。走路、吃饭、洗衣服依靠摩擦，各种车辆的行驶依靠摩擦，机器运转离不开摩擦，建造房子也离不开摩擦。假如没有了摩擦，世界将会变成什么样？真是不可想象。可以说，摩擦是我们人类离不开的好朋友。但是在很多场合，摩擦“三兄弟”还扮演着不受欢迎的角色。

在现代汽车中，20%的功率要用来克服摩擦，飞机上的活塞式发动机因摩擦损耗的功率占10%，就是最先进的涡轮喷气发动机也要为克服摩擦损耗2%的功率。世界上有数以万计的汽车、飞机，每年单是因为摩擦白白浪费掉的材料就有很多。更为严重的是，摩擦还会造成机器零部件的磨损。摩擦除了导致磨损之外，还会使航空器和航天器过度发热，这是现代科技遇到的又一难题。当飞机着陆的时候，闸阀和闸轮会摩擦产生红热现象，这样的高温使机闸材料变软、变质，一套价格昂贵的闸阀和闸轮，往往只使用几次就报废了。当宇宙飞船返回地面的时候，高速船体与空气之间的摩擦，会使整个船体成为一个通红的火球，为了保护飞船里的宇航员和各种仪器设备，人们不得不付出昂贵的代价，用耐高温的特种合金制造船体，还在外面加装了耐高温材料。

为了能驾驭摩擦，让摩擦“三兄弟”更好地为人类服务，人们一直进行着艰苦的研究和探索。早在15世纪，达·芬奇就开始了对摩擦的研究；到17、18世纪，法国形成了一股摩擦研究热，库仑根据达·芬奇的想法完成了摩擦起因的凹凸说；到了18世纪上半叶，有人又创立了分子说；进入20世纪后又出现了粘合说。可以说，有关摩擦起因的争论还在进行着，凹凸说、分子说和粘合说都持之有据，言之有理，究竟怎样圆满地解释摩擦的起因，还一直是一个很活跃的研究课题。

（三）世界上最早制作冰棍和冰激凌的国家

冰棍和冰激凌是世界各国人们都喜欢的止渴解暑食品。当你吃到凉甜可口的冰棍和冰激凌时，你是否知道世界上最早制作冰棍和冰激凌的是中国？中国是冰棍和冰激凌的故乡。早在3000多年以前，我国就有用冰解暑的记载，后来皇宫里就有了用奶和糖制成的冰棍。到了元世祖忽必烈时代（大约700多年前），皇宫里又有了类似现在冰激凌的食品，叫作冰酪。那时，元朝统治者禁止王室以外的人制作冰酪，直到意大利旅行家马可·波罗回国前，元世祖才让人把这种珍品的制作方法教给他。马可·波罗回去后，又把这种制作方法传给了意大利王室，意大利王室把这种方法保密了约300年，到1533年，制作冰酪的方法才由意大利传入法国。1777年，美国纽约大街上才有了冰激凌广告。

我国古代劳动人民的解暑食品是冰核。直到清代，每当盛夏到来之际，北京大街上就有人卖冬天入窖保存下来的天然冰块冰核。大约在1935年，有人想出了“绝招”：先把天然冰放进一个大木桶里，加入适量的食盐，这样的木桶就成了一个“土冷冻室”。再准备许多圆柱形小铁筒，每个小铁筒里都装满加了香料和糖的水，并插上一根木棍。然后把一个个装满糖水的小铁筒放进“土冷冻室”大木桶里，封闭起来冷冻。经过半小时，小铁筒里的糖水就冻结成了冰棍。由于这种解暑食品很受顾客的欢迎，所以很快，前门大街就出现了专售冰棍的商店。

为什么把食盐放到天然冰里混合后能使水结冰呢？这是因为放在大木桶里的天然冰在加入适量的食盐后就会因凝固点降低而熔化，冰熔化时要从小铁筒里的水中吸热，小铁筒的水就会放热冻结成冰。这就是制作冰棍的道理。当然，在现代，人们已经能用各种先进的制冷设备来制造冰棍和冰激凌等冷饮了。

大部分学生在学习物理之前就因生活经验对相关知识有了一定的了解，因此在平时的创意教学中，教师要充分利用熟悉的生活背景，为学生新的学习做准备。如在教“光的折射”一课之前，我有意识地让学生回去洗一次碗，观察当筷子放入盛水的碗中时的情况，这样就让原来较难理解的光的折射现象深深扎根于学生的头脑之中了。在课堂上，学生活动时间非常有限，教师应积极地把物理由课内向课外延伸，让学生在课前做一些有意义的实践活动，这样不仅能够开阔学生的视野，丰富其生活知识，而且能够培养学生自主探求知识的能力，提高学生收集和处理信息的能力，既能激起学生强烈的求知欲，又能让学生体会到物理知识在生活中的实际应用价值。

二、创设生活情境，让物理创意教学更新奇

在物理创意教学中，教师可以从学生熟悉的生活问题入手，创设生活化情境，让学生亲自体悟生活情境中的物理问题，体验到在生活中物理是无处不在的，从而培养学生的观察能力和初步解决实际问题的能力。

（一）利用物理知识与实际生活的联系创设生活化情境

物理与生活实际的联系较为密切，把具有知识性的实际情境搬进课堂，可使学生产生相见不相识的感觉，激发学生探究的原动力。把具体问题搬进课堂，能激发学生学习的积极性，使学生始终处于主动学习的情境中，并能有效地提高学生分析问题的能力。

1. “瑞雪兆丰年”

下到地上的雪有许多松散的空隙，里面充满着不流动的空气，是热

的不良导体，当它覆盖在农作物上时，可以很好地防止热传导和空气对流，因此能起到保温作用。另外还有“冬天麦盖三层被，来年枕着馒头睡”的说法。

2. “下雪不冷化雪冷”

雪是高空中的水蒸气凝华形成的，凝华过程要放热；而化雪是熔化过程，要吸热。所以下雪不冷化雪冷。

3. “霜前冷，雪后寒”

在深秋的夜晚，地面附近的空气温度骤然变冷（温度在 0 ℃以下），空气中的水蒸气凝华成小冰晶，附着在地面上形成霜，所以有“霜前冷”的感觉。雪熔化时要吸收热量，使空气的温度降低，所以我们有“雪后寒”的感觉。

4. “雪落高山，霜降平原”

下雪天，高山气温低于山下平地气温，下到高山的雪不易熔化，而下到平地的雪能及时熔化，所以下同样的雪，高山上比平地上多；霜是地面上的水蒸气遇冷凝华的结果，山下平地表面上的水蒸气比高山上多，故平地上易形成霜，而高山上不易形成霜。

5. “冰冻三尺，非一日之寒”

水在 0 ℃ ~4 ℃之间是热缩冷胀的，4 ℃时水的密度最大。当整个水温都降到 4 ℃时，水的对流停止；气温继续下降时，上层水温降到 4 ℃以下，密度减小不再下沉，底层水温仍保持 4 ℃；上层水温降到 0 ℃并继续放热时，水面开始结冰。由于水和冰是热的不良导体，光滑明亮的冰面又能防止辐射，因此，热传递的三种方式都不易进行，冰下的水放热极为缓慢，所以要结成厚厚的冰，需要很长时间。

6. “纸里包不住火”

纸的着火点是 183 ℃，纸受热的温度达到其着火点时就会燃烧，所以人们也常用这句话来形容事实是掩盖不了的，或形容某种形势不可阻挡。

7. “水火不相容”

物质燃烧，必须达到着火点，由于水的比热大，水与火接触可大量吸收热量，致使可燃物温度降低；同时，水汽化后的水蒸气包围在燃烧的物体外面，使得物体难以和空气接触，而没有了空气，燃烧就会自动停止。但要注意，若油或活泼金属（如镁）等着了火，是不能用水来灭的。

8. “扬汤止沸，不如釜底抽薪”

液体沸腾有两个条件：一是达到沸点，二是继续吸热，缺一不可。“扬汤”是指把锅里开着的水舀起来再倒回去，从而使汤凉下来不沸腾，但这种方法只能暂时地降温止沸，过一会儿汤还是要沸腾的。如果能“釜底抽薪”，便能从根源上解决问题，彻底地制止沸腾。这是一个治标与治本的问题。

9. “早虹雨滴滴，晚虹晒脸皮”

我国的降雨云大多是由西向东移动的。早晨看到的虹，是东方射来的太阳光照在西方的天空降雨层的水滴上形成的西虹，显然，西虹是本地天气将要降雨的预示；相反，傍晚看到的虹是西方射来的太阳光照在东方天空降雨层的水滴上而形成的东虹，它预示着西方天空已没有降雨云了，天气必然是晴朗的。

10. “虹高日头低，早晚披蓑衣”

当“日头低”时，太阳光线和地平线是非常接近的，这时出现虹，虹心必然亦接近地平线，在地面上可以看到虹的半个圆弧。若此时空气中水滴很多，分布的空间很广，那么除了可以看到虹外，还可以看到霓，霓顶的半圆弧比虹高且接近天顶，也预示着降雨云已经移近天顶，本地很快就会有暴雨下降。

11. “但闻其声，不见其人”

波在传播的过程中，当障碍物的尺寸小于波长时，可以发生明显的衍射现象，如人在围墙外说话。一般围墙的高度为几米，声波的波长比围墙的高度要大，所以，它能绕过高墙，使墙外的人听到；而光波的波长较短，远小于高墙尺寸，所以人身上发出的光线不能衍射到墙外，墙外的人就无法看到墙内人。《红楼梦》中对王熙凤的出场所说的“未见其人，先闻其声”的状况就说明了这种情况。

12. “开水不响，响水不开”

水沸腾之前，由于对流，水内气泡一边上升，一边上下振动，大部分气泡在水内压力下破裂，其破裂声和振动声又与容器产生共鸣，所以声音很大。水沸腾后，上下等温，气泡体积增大，在浮力作用下一直升到水面才破裂开来，因而响声比较小。

13. “真金不怕火炼”

从金的熔点来看，虽不是最高的，但也有 1064 ℃，而一般火焰的温度只有几百摄氏度，小于金的熔点，所以金很难熔化，而且真金化学性质极其稳定，不会因加热而变质。

14. “破镜难重圆”

当分子间的距离较大（超过分子直径 10 倍）时，分子间的引力很小，几乎为零，所以破镜很难重圆。

15. “一叶障目，不见泰山（或森林）”

光在同种均匀介质中是沿直线传播的，若一片树叶遮住眼睛，则看不到整个森林。

16. “秤砣虽小，能压千斤”

根据杠杆平衡原理，如果秤砣的力臂很大，那么“四两拨千斤”是完全可能的。

17. “千里眼，顺风耳”

人们利用电磁波传送声音和图像信号，使古代神话中的“千里眼，顺风耳”变为现实。目前人类的视野已远远超过了“千里”。

18. “坐地日行八万里”

由于地球的半径约为 6370 千米，地球每转一圈，其表面上的物体“走”的路程约为 40000 千米，即 8 万里。这句诗还科学地揭示了运动和静止的关系。

19. “墙内开花墙外香”

由于分子在不停地做无规则的运动，墙内的花香就会扩散到墙外。

20. “坐井观天，所见甚少”

由于光沿直线传播，由几何作图知识可知，青蛙的视野很小。

21. “如坐针毡”

由压强公式$p=\frac{F}{S}$可知，当压力一定时，受力面积越小，则压强越大。因针毡尖端面积很小，人坐在上面就会感觉极不舒服。

22. “鸡蛋碰石头，自不量力”

鸡蛋碰石头，虽然力的大小相同，但鸡蛋比石头所能承受的最大力小得多，要是鸡蛋受到的力超过了极限，鸡蛋就会破碎，鸡蛋相比石头更易碎。

23. “磨刀不误砍柴工”

磨刀可以减小刀刃的受力面积，增大刀刃处的压强，提高砍柴的工作效率。

24. “一个巴掌拍不响”

力是物体对物体的作用，一个巴掌要么拍另一个巴掌，要么拍在其他物体上才能产生力的作用，才能拍响。

（二）利用学生的好奇心理创设生活化情境

中学生正处于青少年时期，他们对外界事物具有强烈的好奇心。根据学生的这一心理特点，教师在课堂上创设新奇的生活化情境，能激发学生的问题意识和学习兴趣。例如，在讲解液体的沸点时，先让学生看一段视频：一个人将手插入翻滚的油中，手从油中拿出后竟然安然无恙，引起学生的好奇心，然后告知学生这其实是利用了不同液体具有不同的沸点来完成的一个小魔术。创设这样的情境使学生既感到新奇，又感受到了物理的奇妙，从而激发了他们探究这些问题的欲望。随着人们生活水平的提高，汽车已成为千家万户的代步工具。但你知道行进中前方有突发状况时，应该怎样刹车吗？是猛踩制动踏板，还是轻踩制动踏板？我们知道，最大静摩擦力大于滑动摩擦力，所以前者虽然刚开始的瞬间是静摩擦力起作用，但车轮马上开始滑动，滑动摩擦力就开始起主要作用；而后者使车轮转动减慢，但仍然保持车轮在地面上滚动，直至停止，在刹车的整个过程中静摩擦力起主要作用。两种情况下车速与刹车距离的关系如下图所示：

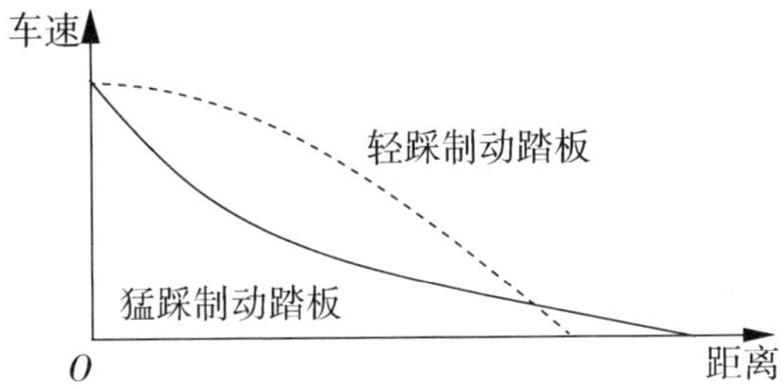

从图中可以看出，猛踩制动踏板可以最大限度地减小车的动能，但刹车距离较大；而轻踩制动踏板正好相反，刹车距离可以最小化，但车的动能减小较慢。由此可得：如果无法避免车的相撞，则可以猛踩制动踏板，以较小的动能相撞，降低破坏程度；反之，需要轻踩制动踏板。在实际中也可以两者相结合。

（三）利用学生认知上的不平衡创设生活化情境

学生的认知发展就是认知的平衡状态不断遭到破坏并不断达到新的平衡状态的过程。因此，在物理课堂教学中应善于利用学生认知上的不平衡来创设生活化情境，使学生产生要努力通过新的学习活动达到新的更高水平的平衡的冲动。例如，在讲解光的直线传播时，创设这样一种情境，把分别带有方形、三角形、圆形小孔的三张白纸发给学生，并提问：太阳光射过这些小孔在地上会留下什么样的光斑？（纸距地面较远）大部分学生都回答与孔的形状一样。但当学生走出教室，在阳光下进行实验时，发现光斑都是圆形的。真实的现象与学生的想象出现了差异，从而造成了悬念，使学生产生了强烈的求知欲，自始至终带着这个问题主动去学习。

（四）通过解码古代诗文创设生活化情境

古诗文中的灵感来源于生活，也扎根于生活，并且应用于生活。物理学习的最终目的是让学生能运用所学的知识去解决问题。如果学生能应用物理知识解释古诗文中的一些内容，则有助于学生加深对知识的理解与内化，并在应用中更深刻地理解和掌握生活中的物理知识，感受物理的魅力，让物理创意教学更鲜活。

1. “朝辞白帝彩云间，千里江陵一日还”

因为白帝城在彩云之间，位置很高，城下的江水势能很大，转化成的动能也很大，江水的流速便很快，以至于“千里江陵一日还”。

2. “花气袭人知骤暖，鹊声穿树喜新晴”

因为温度越高，分子的热运动越激烈。所以当花朵分泌的芳香分子扩散运动加快时，便预示着温度升高、天气变暖。

3. “墙角数枝梅，凌寒独自开。遥知不是雪，为有暗香来”

分子永不停息地做无规则的运动，暗香是气体分子扩散的结果。

4. “捞不到的是水中月，摘不到的是镜中花”

因为在水和镜中成的像是虚像，所以在水中捞不到月亮，在镜中摘不到花。

5. “夕阳无限好，只是近黄昏”

夕阳的颜色是红色的，夕阳接近地平线，光线要穿越较厚的大气层，蓝光和其他波长较短的光早被散射开去，只剩下波长较长的红色光和橙色光，所以傍晚时分，我们常会见到橙红色的天空。

6. “一道残阳铺水中，半江瑟瑟半江红”

残阳如血，残阳的颜色是红色的，一道残阳在江面上发生了镜面反射，放眼望去，江的西面有红光反射入眼，而江的东面发生漫反射没有什么光入眼，所以呈现出“半江瑟瑟半江红”的美丽景象。

7. “举杯邀明月，对影成三人”

光线沿直线传播。

8.“飞流直下三千尺，疑是银河落九天”

庐山瀑布在“三千尺”的高度蕴含着大量的势能，势能向动能转化，气势磅礴，非常壮观。

9.“八月秋高风怒号，卷我屋上三重茅”

流动的空气蕴含着大量的机械能。

教学创意是教师构思教学的思想结晶，是教学机智的集中显现，也是教学水平的标志之一。创意的形成，重在生活积累，难在创新思维，功在有效教学。

第四节　实验设计让物理创意教学更生动

物理创意实验教学是一个直观、生动、有趣的过程，可以营造一种良好的学习氛围，让学生充分融入愉快的氛围中，感受到学习物理的乐趣，让学生带着积极主动的情绪参与到整个学习的过程中，既能培养学生的思考能力和实践能力，又能提高其创新能力。实验设计是创意实验教学中开发学生创新能力的重要部分，可以让学生主动思考、自己进行设计，这才是创意实验教学想要达到的根本目标。学生只有身临其中，才能发现其中的乐趣，才能加深对概念的深层理解。只有在进行实验教学设计时给学生留有充分参与的空间，使学生可以自由发挥，才能让学生成为实验设计的主体，实验设计才能起到作用。著名教育家苏霍姆林斯基说过：“只有当行为给学生带来真实感，激励着儿童，在他心里留下愉快、兴奋、精神充沛的情感时，知识才能转变为信念。”因此，教师应该创设有趣的实验设计，鼓励学生自己动脑、动手，充分利用实验中的原理、方法、步骤、器材、误差等来激发学生的创意设计，唤起学生的创新感受，从而达到让学生“欲罢不能”的效果。

一、低成本实验设计，让物理创意教学更灵巧

设计物理实验过程中不仅要考虑学生的观察效果，还应该力求实验

仪器的结构简单，费用低廉，特别是在实验经费不足的情况下，应鼓励教师进行低成本实验的设计和开发。卡文迪许实验室有一项传统就是“用最平常的仪器做出最优秀的成果才算真本事”，因此，我坚持做到实验设计的开发成本低而技术含量不低、教育价值不低、智慧水平不低。“低成本”本身就表明了它在经济方面的优势，即在达到最佳的实验效果的前提下减少投入。有的学校，演示器材还跟不上实际需求，作为教师应该积极利用身边的材料或寻找一些可替代的实验器材，来完成或扩充教材中的实验。例如，用铝箔做成简易的验电器，其灵敏度与产品验电器相比毫不逊色；用旧电动机制作小电风扇，在制作过程中，学生能理解串联电路的连接和电机原理，还能学到一些加工方法和制作技术。低成本实验取材容易，利用一些废旧材料，再购进少量器材，经过加工就能拼凑出大量实验器材。同时，也鼓励教师把自己设计出来的有推广价值的仪器或设备进一步开发和批量生产，充分发挥自制仪器的社会效益和经济效益。

（一）低成本物理实验的设计原则

设计低成本物理实验要把握好设计原则，灵活地运用各种途径是设计低成本物理实验的基本前提。

1. 科学性

物理实验首先应该正确反映物理现象和规律，反映物理现象变化的客观过程。一个巧妙的实验设计除了合理应用器材以外，还应该包含科学的实验方法，不仅能够释疑解难，而且能够给人以解决其他问题所需方法的启迪，提高学生解决实际问题的能力。

2. 价廉性

教师和学生可自己制作实验器材，就地取材，利用生活中的廉价材料（如橡皮筋、气球、鸡蛋、土豆、蜡烛、塑料袋）、易得材料（如水杯、钢勺、塑料尺、硬币）和废旧材料（如易拉罐、饮料瓶、牙膏皮）等。成本低廉，有利于普及，特别是对于边远山区和贫困地区的教师来说，自制低成本教具是解决资金短缺的有力措施。

3. 创新性

在实验取材、实验原理和实验方法等方面，教师可根据自己的特点做某些改进和创新，有效地开发学生的智力，培养学生的动手能力。

（二）低成本物理实验的开发途径

在日常生活中，可以利用的课程资源十分丰富，学生身边可以用作实验的物品比比皆是，教师要引导学生善于从生活用品、废旧物品、儿童玩具等各个方面去开发设计低成本物理实验。

1. 从生活用品中开发低成本物理实验

用生活用品来设计有趣的物理实验，不但可以增加实验的真实感、可信度，而且可以缩短实验与学生间的距离。例如，声音能在液体中传播的实验，八年级物理教材是通过鱼儿能听见岸边人的说话声音来说明的，为了增强实验的趣味性和直观性，可对其进行改进。先将手机装入塑料袋内，并封好，然后把它慢慢浸没于水槽中；然后用另一个手机对其拨号，手机开始振铃。此时，学生不仅可以看到手机屏幕的亮光，而且可以听到手机发出的声音。实验表明声音可以在固体、液体、气体中传播，同时也让学生体验到了探究物理规律的方法。

2. 从儿童玩具中开发低成本物理实验

很多儿童玩具都是利用物理原理设计制作的，所以玩具也可以作为一种课程资源。利用儿童玩具开发低成本物理实验，可以让学生在玩中学习物理知识。如研究平抛运动，可以用儿童玩具水枪来代替课本的演示实验。学生通过积极探讨，反复实践，研究平抛运动的轨迹和水平射程，在玩耍中对平抛运动的轨迹和射程等知识有了更加深刻的体验。这样的活动，一方面丰富了学生的感性认识，使学生增加了学习的乐趣和信心，另一方面也培养了学生的实践能力和创新精神。

3. 从废旧物品中开发低成本物理实验

一些废旧物品也是可以充分利用的实验资源，如废旧的易拉罐、饮料瓶、牙膏皮等，充分利用它们，不仅可以变废为宝，而且有利于培养学生的环保意识和勤俭节约的习惯。例如，在有关摩擦力的教学中，教师先在一个容量为2.5 L的雪碧瓶里装满水，拧紧瓶盖，然后让一位力气小的女生手握雪碧瓶，将其拿起来，女生轻而易举地完成了。接着在雪碧瓶外表面涂上洗洁剂，再请一位男生重复女生的动作，结果这位男生使出全身力气，也没有把雪碧瓶拿起来。通过这个对比实验，课堂气氛迅速活跃起来，学生的好奇心和探究欲望一下被调动起来。这样的小实验简单易做，取材容易，不受条件限制，拉近了物理与生活的距离，对学生的独创性、想象能力的培养有极大的好处。

低成本、高智慧的实验设计，使学生深切地感受到科学的真实性，感受到科学和社会、科学和日常生活的关系，能不断拓宽学生的知识面。

二、趣味性实验设计，让物理创意教学更生动

中学物理教学中积极开展趣味性物理实验设计，可以大大提高学生物理学习的兴趣，从根本上提高学生学习物理的主动性和积极性，变被动接受为主动学习。只有学生对教学内容和学科感兴趣，才有学习的动力和激情，能在有限的时间内提高学习效率。

（一）合理开发有趣的实验资源

在物理创意教学中，按照课本的要求需要做一些相关的演示实验来促进学生对所学知识的理解，但是课本上的演示实验并不能完全满足学生的需求。因此，在教学中，除了课本上规定的演示实验外，我还创造条件开发一些有趣的实验。例如，用废牙膏皮研究物体浮沉条件，用两支铅笔研究光的衍射现象，用矿泉水瓶制作水火箭演示反冲现象等。

水火箭是寓教于乐，科技含量高，深受广大青少年喜爱的动手、动脑的科普资源。水火箭可以让学生直观了解导弹、运载火箭的发射升空和回收过程，导弹的飞行与飞机的飞行原理及不同点；结合牛顿第一、

第二、第三定律了解一些基本的空气动力学和飞行力学等方面知识；使广大青少年了解航天科技。

通过这样的活动，学生体会到自制开发的仪器操作简便，现象明显，还能揭示物理现象的本质和规律。同时，我还鼓励学生自己制作一些学具，如用橡皮泥做排水器，用易拉罐制作通电螺线管等。合理开发实验资源，不但能激发学生的学习兴趣，而且能够拓展学生的视野，让学生感受到自己生活的环境就是一个庞大的实验室。

（二）亲自体验演示实验的乐趣

传统观念认为，演示实验应以教师为实验的操作者，学生为实验的观察者。然而，这种传统的演示实验教学形式在施教过程中容易遇到一个问题，就是有时学生并未认真观察实验，更没有认真思考，这就导致演示实验在培养学生观察能力和思维能力上的作用不能充分显现，要克服这个问题，就不能脱离现代教学观的指导。现代教学观强调学生是学习的主体，教师是教学的设计者、组织者、帮助者和示范者。在这种教学观的指导下，我们应该清楚地认识到，演示实验并不是教师的专利，我们应该转变观念，变教师演示实验为学生亲自动手参与实验。教师指导学生演示实验，有利于学生积极参与课堂活动，有利于学生的主体性和积极性的发挥。演示实验教学中将传统的教师演示实验转变为学生亲自动手的体验实验，更能体现出学生的主体地位，提高学生学习物理的兴趣。例如，在研究电磁感应现象的演示教学中，可以让学生动手连接实验电路，通过实验观察电流表指针偏转的大小和方向，分析电路中线圈感应电流的产生和感应电动势的产生的问题，使学生明确实验目的。让学生自己动手体验，并观察和记录现象，可使学生感受到亲自动手实验的乐趣，升华学习情绪。当然，一节课仅 40 分钟，面对这一局限，教师应该合理控制课堂的节奏，恰到好处地做到既能增加实验的趣味性，也能顺利地完成课堂教学任务。这也是锻炼教师调控课堂节奏能力的一个好机会。

（三）开发虚拟趣味实验

当今时代是科学技术高度发展的时代，各种多媒体技术都应用到了实验教学当中。在中学物理创意实验教学中，有时由于环境条件、实验仪器精密度等各方面的原因，实物演示效果并不佳；而应用多媒体模拟做演示实验，要比用实物做演示实验所能达到的教学效果更好，更能获得理想的实验效果，更易激发学生的兴趣。甚至有时虽然用实物来做演示实验，已经足以给学生提供所需的感官信息，但是再利用虚拟演示实验加以配合，对帮助学生加深记忆也有很大的作用。例如，在演示自由落体运动时可用 flash 动画做演示，加深学生对自由落体运动性质和规律的理解。虚拟实验的开发同样可以发挥学生的主体作用，让学生自主开发实验，思考实验操作的整个过程，思考实验过程中可能出现的问题，发挥学生的主观能动性。因此，将虚拟演示实验和传统的演示实验进行互补，不但能激发学生的学习兴趣，而且能培养学生的思维能力，对于形成知难而上的科学研究态度和严谨正确的科学思维方式有着重要作用。

三、创新性实验设计，让物理创意教学更灵动

物理创意教学中加强物理实验的创新性设计，激发了学生的学习积极性，同时又培养了学生的实验技能和动手能力，更重要的是促进了学生的良好思维品质的提升。根据学生的认知发展规律，创新性实验设计可以激发学生的学习兴趣，拓展学生的创新探究思维，从而充分挖掘学生的学习潜能。创新性实验设计有多种途径，可以通过调整实验的目的和要求、原理和方法、观察方法等来优化实验设计，真正实现物理创意教学的灵动。

（一）创新实验的目的和要求，优化实验设计

物理创意教学重在培养学生的创新能力与动手能力，在没有进行实验设计之前，学生对物理实验可能会感到枯燥，因为物理课所涉及的实

验大部分是验证性实验，是根据实验结果验证某一理论和规律。如在原有实验的基础之上对实验的目的和要求进行一定程度的调整，提出一个新的研究课题，让学生还是利用原有的实验器材，通过创新性设计进行调整，灵活改进实验的步骤和方法，将原有的实验改变为一个新型实验课题进行研究。这样的拓展训练，可使学生对物理实验有新的认识，从而培养学生对创新性实验的设计能力和优化能力。如在教学“用打点计时器测速度”的实验时，首先让学生明确实验目的、实验原理、实验器材、实验步骤、实验注意事项、实验数据处理；然后让学生亲自操作实验，并进行实验报告撰写。在圆满完成本实验后，教师可以引导学生对该实验创新设计，对实验的目的进行些许调整，如用打点计时器测匀变速直线运动的加速度，用打点计时器验证牛顿第二定律，用打点计时器验证动能定理等。这样，学生会针对实验目的的不同对实验要求进行些许改进，于是 1 个实验就会变为 4 个或更多实验，但是其本质是不变的。针对创新性实验做这样的设计，不但能帮助学生更好地掌握课本知识，还能提高学生的创新设计能力，优化实验设计。

（二）创新实验的原理和方法，优化实验设计

物理创意实验课的进行需要我们对实验原理进行很好的了解与掌握，因为实验原理对于实验是至关重要的，学生只有对原理做到了然于胸，才能够对实验的结果做出正确的推测，这也说明了实验原理是实验进行的重要依据。学生在进行一个实验之前，首先要对实验的原理和方法进行研究。然后，教师可以针对实验的原理和方法进行一些创新，让学生依据不同的实验原理达到同样的实验目的。同时，让学生对实验的方案进行些许改变，这在一定程度上锻炼了学生思维的缜密性。学生在设计实验方案的时候会注意一些实验的细节、漏洞，从而保证了实验的可实施性。另外，让学生对实验的目的有了更加深刻的理解，在利用不同的实验方案达到了相同的实验目的后，学生会对所学的知识有更深刻的了解，也提高了课堂学习效率。

（三）创新实验的观察方法，优化实验设计

学生想从实验中得出想要的结论，除了要具备必要的专业知识以外，还要对实验过程进行详细的了解。因此，对实验过程的观察也是至关重要的。学生可以通过观察实验的过程来了解实验步骤中的不足之处，以便更好地改进；通过对实验结果的观察，得出实验的结论并且验证推测的正确与否。所以，一个实验有一个好的观察方法也是很重要的。观察就是将视觉、听觉进行整合、调动，保证注意力保持在高度集中的状态。不同的观察方法会有不一样的结论，学生对实验内容、过程、本质、规律的了解也在一定程度上决定了学生在实验过程中观察的重点、要点。所以，教师要创新实验观察的方法，尽量减小外界的干扰和学生的主观意识的影响，以保证实验的准确性、规范性。不同实验的侧重点也是不一样的，这时学生也要积极调节，在不同实验中侧重不同的器官感受，以达到更深刻的认识，实现优化教学过程的目的。如在进行“探究加速度与力、质量的关系”实验时，教师将侧重点放在加速度、物体所受的力以及物体的质量几个方面，这些对于实验的研究都是非常重要的因素。因此，在观察实验时，学生要注意这几个方面的确定性、规范性，在观察时也要做到仔细认真，保证各个细节的准确性，为实验结论提供强有力的现实依据。

（四）创新实验的情境和条件，优化实验设计

实验所需的情境和所需要的条件对实验能否顺利进行和成功完成都有很重要的作用。所有实验的顺利进行都需要一定的实验情境，实验情境为实验的开展和进行提供了一个基础的环境。另外，一些实验需要在特定的条件下进行，这在很大程度上要求我们能够提供实验进行所需要的基本条件，以尽量减小外界因素对实验的干扰。但是当前，很多学校还提供不了完备的实验设备和器材，很多课本中提到的装置在现实生活中是得不到的，这就需要教师对实验所需要的条件和基础情境进行设置或者改变，增加或

者减少一些实验的情境，然后观察实验的结果和预期的有何差别，差别的原因又是出在何处，这样的实验方式更能增强学生对问题的思考能力和总结能力。另外，对于进行实验所需要的基本条件，我们可以进行适当的改变和调整，调整到我们具备的实验条件可以完成我们要做的实验即可。将不同条件下的实验结论与原实验结论进行比较，得出实验的不足之处以及实验的优势。在这种情况下完成的实验也会带给学生一种新的思考方式，缓解教师的压力，优化教学的过程。如在进行“验证机械能守恒定律”实验时，我们知道机械能守恒是在一个理想的条件下提出的，在现实的实验中我们是达不到验证机械能守恒定律的条件的，所以我们可以适当改变或者忽略一些实验所需的条件，然后将这种情况下得出的结论与理想条件下实验的结论进行比较，验证所做实验的正确性。

（五）创新实验的主体，优化实验设计

在物理创意性实验教学中，学生才是最重要的部分，新课程标准实施以来，我们强调学生的主体地位，当然学生的主体地位在创新性实验设计中也是毋庸置疑的。学生本身具有主观能动性，因此，在实验中，应积极发挥他们的主观能动性，而这些都是需要在教学中被激励才能够突显的。这也就说明教师在教学过程中要重视学生的主体地位，并且要体现这一原则，才能激发学生的积极性，形成良性循环。确定学生在实验中的主体地位，这对于学生来说无疑是另一种形式的肯定，它不但会增强学生的自信心，也在很大程度上缓和了师生之间的关系，为师生之间搭起了沟通的桥梁。教师要创设体现学生主体地位的实验情境，给学生可以充分展示自己的空间和独立思考的机会，让学生勇敢地提出自己的见解和想法，师生之间进行相互交流，在愉快的氛围中解决问题。这样的做法不但可以激发学生对物理实验的兴趣，还可以提高教师的讲课效率、学生的学习效率，优化教学过程。如进行“研究平抛运动”实验时，就可以由学生独立完成，让他们自己去进行实验，但是教师要要求他们认真对待实验报告并且要独立完成，此外，还要总结实验心得。

第四章　物理创意教学的课型案例

物理创意教学的课型案例是对物理创意教学过程中实际情境的描述，描述的是一个教学事件的产生、发展的历程，它是对教学现象动态性的把握。教学案例是含有问题的事件，而事件只是案例的基本素材，并不是所有的教学事件都可以成为案例。能够成为案例的事件，必须包含问题或疑难情境，也可能包含解决问题的方法。正因为这一点，案例才成为一种独特的研究成果的表现形式。

案例是真实的事件，案例必须是有典型意义的，它必须能给读者带来一定的启示和体会。案例与故事的根本区别：故事是可以杜撰的，而案例是不能杜撰和抄袭的，它所反映的是真实发生的事件，是教学事件的真实再现。物理创意教学的课型案例是对当前物理创意教学课堂中真实发生的实践情境的描述，它不能用杜撰的事件来替代，也不能用从抽象的、概括化的理论中演绎的事件来替代。

第一节　创意新授课：“新马识途”

创意新授课就是运用创意教学法教学新知识的课，是基本课型之一。新授课的特点是新，这就要求我们的教学要导入新方法，讲出新味道，培养新素养，保证新收获。新授课的关键是课堂导入。良好的开端是成功的一半，精彩的课堂导入可以牵引全局、先声夺人，可以聚焦学生的注意力，提高学生的学习兴趣，激发学生的学习动机，唤醒学生的创新意识，可以为新课教学的顺利进行做好铺垫。如果导入方法不恰当，将会影响学生学习兴趣的激发，还会影响学生对物理概念、规律本身的理解和掌握。由于物理知识比较抽象，对于新知识很多学生听不懂、学不会，这不仅仅是因为学生的理解能力不够高，教师的新课导入做得不到位也是一个重要原因。因此，新课的导入对于学生的学习起着至关重要的作用。新授课的课堂导入具有较强的技巧性，下面，我将根据自己多年的教学经验，阐述新课导入如何“新马识途”。

一、设疑导入法

“学起于思，思源于疑。”一切学问起于疑，用设疑的方法导入可以使学生迅速抛开课间的琐事，快速进入积极的思维状态，并形成经久不忘的深刻记忆。设疑导入法是最常见的一种物理创意教学新课导入方法，很多教师都喜欢采用这种方法，因为这种方法很容易引起学生的学习兴趣。亚里士多德曾经说过：“思维自疑问和惊奇开始。”这句话用在物理的学习中是非常恰当的。如果教师能够对新内容相关的知识精心设计疑问，引发悬念或者制造一个美好的“圈套”，就很容易激发学生的求知欲望。设疑导入法是非常容易操作的，但是教师应该注意，提出的问题一定要结合实际，不然很容易适得其反。

案例 1：

在“牛顿第一定律”新课导入时，我根据生活经验的假象设疑：静止的车，人推它才动；静止的树枝，风吹它才动；静止的球，脚踢它才滚；如此等等。如果不推、不吹、不踢，这些物体是不会动的。这时，我继续提问：“它们的运动真的需要力来维持吗？”当学生认为是“千真万确”的生活经验被否定时，他们的思维一下子被激活了，急于得到答案的学生顿时就会集中注意力，这样就巧妙地导入了新课。

案例 2：

学习“弹力”新课，这一课主要是让学生理解弹力的概念，知道弹力产生的原因和条件，能够正确地画出弹力的示意图。弹力这一节在高中物理中也是很重要的一节课，所以在这节课中一定要注意培养学生的学习兴趣，因为学生只有对新知识有兴趣，才会认真学习。在这节课的新课导入中，我就采用了设疑的方法，问：“在运动场上跳远时为什么要用踏跳板？撑杆跳高运动员为什么拿着长长的杆？不用行吗？用了有什么好处？”学生通过思考、分析，推理出它们都是利用了物体发生弹性形变时产生的弹力。我接着问：“同学们还可以举出运用弹力的例子吗？谁来说一说？”学生答有跳跳床、拉弓射箭等。我再接着问：“那弹力是怎样产生的呢？”之后就可以引入新课的学习了。通过这样的方法，不仅可以培养学生积极思考的能力，还能够培养学生主动参与课堂学习的能力，提高学生的学习兴趣。

案例3：

在“串并联电路”新课导入时，可以这样设疑提问：节日里的彩灯，一串串一簇簇，有的挂在街道两旁的树上，有的挂在装饰物上，拼凑出美丽的图案，绚丽多彩。这些小彩灯是怎样连接的呢？是与家用照明电路一样并联吗？为什么同一串的小彩灯有一只坏了，其他的彩灯照常发光呢？这样就比较容易地激发了学生的探究兴趣，从而使学生马上进入新课学习。

案例4：

在“电荷及其守恒定律”新课导入时，设疑如下：在风雨交加的漆黑夜晚，闪电撕裂了天空，雷霆震撼着大地。几千年来，人们一直想探究其中的奥秘：雷电是怎样产生的呢？如果天气干燥，晚上脱毛衣时会听到“啪啪”声，有时还会看到电火花；在用塑料梳子梳头发时，有时你会发现，在梳几下以后，梳子便仿佛有了一种“魔力”，即使梳子没有触碰到头发，只是在头发附近晃过，头发也会随之摇摆；当我们经过铺有地毯的走道来到房间门口，在伸手接触金属门把手的一刹那，有时会突然听到“啪”的一声，被“电”一下。这些都是谁在作怪呢？以上现象都是由“静电”引起的，由此引入新课。

二、实验导入法

物理学是一门以实验为基础的学科，实验在物理创意教学中起着非常重要的作用。许多学生感到物理概念严谨、推理周密，难以理解和掌握。新课导入时，教师如果采用从理论到理论、照本宣科、生搬硬套的方法，只能使学生厌烦疲劳、昏昏欲睡，课堂气氛沉闷而缺乏活力。而实验导入法则通过惊奇有趣的实验现象，唤起学生的好奇心，促进他们去思考、探索，激发学生的学习热情。每一次上新课，我都会设计新奇有趣的实验来牢牢抓住学生的注意力，以此为契机，让学生通过实验思考其中蕴含的道理，从而引出新授概念。这样，学生也非常容易进入教学情境，并牢记概念产生的实验过程，达到很好的教学效果。

案例 1：

在“弹力”这一概念的新课导入时，我先用外力使小车压缩弹簧然后松手，发现弹簧又把小车推了回来，这说明什么呢？学生们纷纷给出答案是弹簧伸开时的推力。我微微一笑纠正道：“这个是力，但不叫推力，它叫‘弹力’。”然后我开始了“弹力”这一课的讲解，给学生留下了较为深刻的印象。

案例 2：

在“牛顿第三定律”新课导入时，我让一男一女两个学生手拿两个弹簧测力计相互钩住，向外拉，两个测力计读数相等，并没有因为男同学力气大测力计的读数就大，来引入作用力与反作用力的关系。

案例 3：

在“法拉第电磁感应定律”新课中学习感应电动势与什么因素有关时，我通过演示实验，让学生观察条形磁铁缓慢与快速地由相同的位置插入闭合的螺线管中，电流计指针偏转的情况，从而得出感应电动势的大小与磁通量的变化率有关。

案例 4：

在“浮力”新课导入时，我将一只鸡蛋放入装满水的烧杯中，蛋沉底；用竹棒搅动杯中水后，蛋又上浮了，引得学生惊奇不已。此时，我告诉学生，空心的竹棒里装有细盐，盐溶于水，溶液密度变大，鸡蛋受到的浮力大于重力而上浮，从而使学生掌握了物体沉浮条件的知识点。

案例 5：

在“楞次定律”新课导入时，我演示了条形磁铁移近两个相同的铝制圆环 A、B 的实验。如图所示，其中一个圆环完整，一个圆环有切口，都固定在横梁上，横梁可以绕中间的支点转动。进行如下操作：

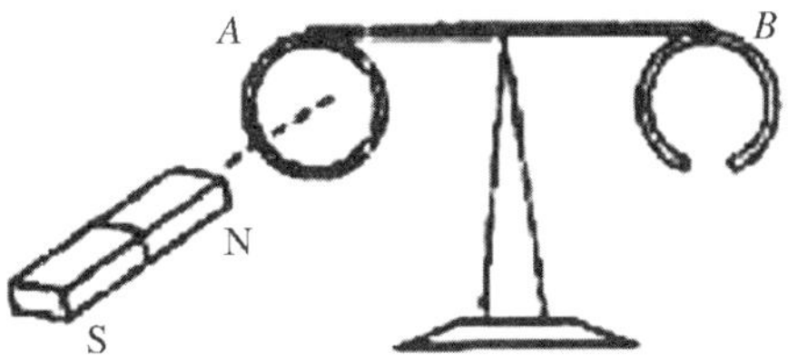

（1）用磁铁的任意一极去接近 A 环，A 环被推开。

（2）磁铁停止运动时，A 环停止运动。

（3）将磁铁远离 A 环时，A 环随磁铁运动。

（4）用磁铁的任意一极去接近 B 环，重复上面的几步操作，B 环都没有转动。

本实验的现象很明显，学生很惊讶，教师不解释原因，让学生自己观察 A、B 环的区别，然后带着疑问进入新课学习。

案例 6：

在“动量定理”新课导入时，我演示两个鸡蛋从同一高度同时下落，落在讲台木板上的一个粉身碎骨，而落在海绵垫上的另一个却毫发无伤。怎样解释这种现象呢？由此引起学生的兴趣与好奇心，让学生展开思考。

案例 7：

在“自由落体运动”新课导入时，我设计了一个游戏实验：“同学们，咱们班哪位同学的反应最快？请到讲台上来。”接着我向学生展示了一个长度约为 3.5 cm 的铁片，然后让铁片自由下落，请上台的学生用手抓铁片，看这位学生能不能抓住。师生共同完成这个游戏，游戏过程中，学生没有抓住铁片，为什么没有抓住铁片呢？让学生带着疑问进入新课学习。

案例 8：

在“全反射”新课导入时，我设计了这样一个实验：在装满水的碗中斜插入一根筷子，大家观察到筷子断成两截，因为产生了折射现象。然后，我接着实验：“如果我将一束光从空中斜射入水中，大家会观察到什么现象？慢慢地增大入射角，当入射角大到一定程度时，又会发生什么现象呢？”学生们一时语塞，都想找一句准确的话或一个概念来表达这一现象，但是找不出来。于是，我趁热打铁，引出了“全反射”的概念，起到了很好的教学效果。

用实验导入新课达到的效果是多少美妙的语言都替代不了的。物理创意教学中的小实验操作简单、现象明显、趣味性浓，很容易吸引学生的眼球，给学生留下深刻的印象。实验导入新课可以活跃课堂气氛，激发学生的学习兴趣，还能为学生学习物理知识提供丰富的感性材料，为学生学好物理打下坚实的基础。物理创意教学中，教师应该精心设计一些新颖、奇特的实验，尤其是学生可以自己动手操作的实验，往往能够起到“一石激起千层浪”的效果。

三、故事导入法

物理创意教学新课导入时，我还会讲授一些与新课有关的趣味事例，如名人轶事、历史故事等。故事导入不仅能吸引学生的注意力，激发学生的求知欲望，而且能使学生在上课伊始就精神饱满，在急需释疑的迫切要求下学习。因为学生对于很多物理现象发生的背景都不了解，我在授课过程中还会通过一些生动有趣的物理学史小故事或者物理学家的趣闻轶事来导入新课，极大地激发了学生的学习兴趣。

案例 1：

在“速度和加速度”新课导入时，我设计了一个生活中因缺乏物理知识而带来尴尬的故事。交警拦下了一位漂亮女士的小车，说道：“女士，这里限速 100 千米/小时，您的车超速了。”这位漂亮的女士回答："我只行驶了半个小时，还没有到 100 千米。"警察又说道："我是说，如果您再继续行驶下去，就超速了。"女士却回答："我还有 10 分钟就到了，因此，不会超速的。"学生听后捧腹大笑。这样一个因为缺乏物理知识的正确理解所带来的尴尬故事，可以让学生感到轻松愉快，同时也给他们留下了深刻的印象，比简单、贫乏又苍白无力的直接说教的效果要好得多。

案例 2：

在"参照物"新课导入时，我给学生讲了一个小故事：在"二战"期间，一个飞行员驾驶战斗机在 2000 米的高空与敌人决战时，突然感到耳边有只"苍蝇"，伸手一抓，竟然抓到了一颗子弹。学生们听了这个故事立刻就会产生很大的兴趣。用这种导入技巧可以充分吊起学生的胃口，使学生产生强烈的学习欲望，此时教师就可以引出新的课题了。

案例 3：

在"万有引力定律"新课导入时，我给学生讲了一个苹果落地的故事。有一次，牛顿在他家花园里的苹果树下思考问题，突然一个熟透的苹果砸在他的头上，他忘记了疼痛却在想：为什么苹果不会往天上飞，而是往地下落呢？如果苹果树长得非常高，那么苹果还会往地下落吗？苹果如果长到月亮那么高的地方，也会往地下落吗？等等。通过这个现象，牛顿发现了很多问题，最后他发挥了他的数学才能，终于完成了对万有引力的数学表述。当学生们听到这个故事的时候，他们就会对本节课万有引力的学习产生浓厚兴趣。

四、类比导入法

类比导入法是物理创意教学中经常应用的一种方法，也是科学研究最常用的方法之一，对物理科学的发展具有重要的作用。很多物理学知识都是通过类比法研究出的。一个新的结论可以奠基在已有的知识上面，只不过是类似地做出了些许改动，但方法都是一样的。学生可以以一类事物为桥，并以此类推顺利过渡到抽象思维，从而深刻理解新概念，掌握新知识。

案例：

在“电流强度”新课导入时，把电流的形成与水流的形成进行类似比较，从而得出一个结论，即电流的形成是因为有电压。继而学生在学习电学知识时，在教师技巧性的引导下，联想到水的压迫会迫使水向一定的方向流动，从而使水管中形成了有方向的、可以流动的水流，类似地比较出电压迫使自由电荷做定向移动，使电路中形成了具有一定方向性的电流。抽水机是提供水压的装置，类似地可以得出结论，即电源是提供电压的装置。水流通过涡轮时，消耗水能转化为涡轮的动能，类似地可以得出结论，即电流通过电灯时，消耗电能转化为内能和光能。

在“点电荷”新课导入时，可以将点电荷概念与质点概念进行类比；学习功率时，可以将它与速度进行类比；等等。

类比是一事物与另一事物有着相同的地方，缺点和优点都大致类似，只是表现出来的方式不同，但原理都是一样的。对比则是将两种有鲜明差别的事物进行比较，可以特别清楚地找出其中相反的地方，这种方法便于记忆，也具有很强的论证力量，因此用得也非常普遍。说白了，就是教师要用类比的方法引申出两种事物相似的地方，在旧知识的基础上学习新的知识。这是一种很简单而且便于学生接受的导入技巧。

五、形象导入法

物理创意教学中对一些比较抽象的内容，可采用多媒体课件作为强有力的辅助工具，通过播放视频、展示图片或模型的方法来导入新课。学生在观看多媒体或实物模型的时候，会被神奇的物理现象所吸引、震撼，同时也会在观看的过程中产生一系列的疑问。这种导入方法不仅能使学生有直观形象的认识，而且能激发学生的学习积极性。

案例 1：

在“闭合电路的欧姆定律”新课导入时，我播放了一段录像：晚风吹过，波光倒影，流光溢彩，夜光中万家灯火的城市夜景……伴随着事先录制好的解说："在现代化都市的夜晚，各种电器都在工作，电流在电路中静静'流淌'……你是否想过，电流的流动遵循着怎样的规则？电流、电压、电阻各自扮演着怎样的角色？它们之间又有怎样的关系呢？现在就让我们揭开其中的奥秘吧!"由此，拉开了新课教学的序幕。

案例 2：

在"运动电荷在磁场中受到的力"新课导入时，我请学生看视频《挪威的极光》。在地球的两极有时会看到漂亮的极光，有绿光、红光、蓝光以及紫光等彩色光带，梦幻般绚丽多彩。学生们在观看的过程中受到震撼，感叹大自然是如此美丽、神奇，很自然地会提出疑问："为什么我们生活的地方没有这种现象？这种现象形成的原因是什么呢？怎么会有这么漂亮的颜色呢？"这样就可以引导学生走进知识的殿堂。

案例 3：

在"重力势能"新课导入时，我用多媒体课件展示了以下资料。

2002 年 9 月 21 日上午，俄罗斯高加索北奥塞梯地区的一个村庄发生雪崩，造成至少 100 人失踪。(如下左图)

雪崩

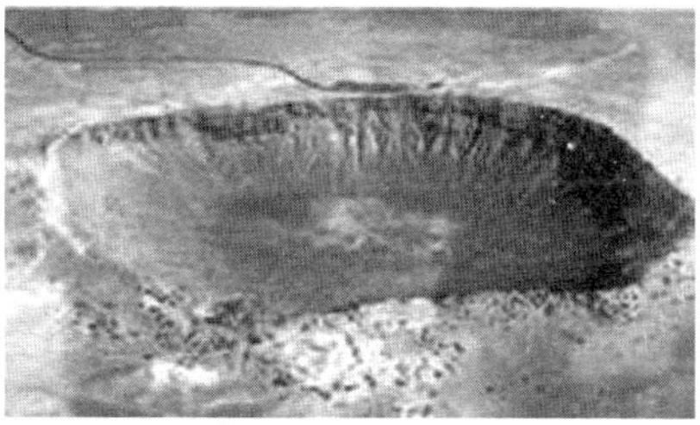

陨石坑

美国内华达州亚利桑那陨石坑，是约 5 万年前一颗直径约为 30 ~ 50 米的铁质流星撞击地面的结果。爆炸在地面上产生了一个直径约 1245 米，平均深度达 180 米的大坑。(如上右图)

然后我又提问：雪崩和陨石下落为什么有那么大的能量呢？水力发电站为什么要修那么高的大坝？在你的头顶上方相同的高度，分别用细绳悬挂一个粉笔头和一个 7.5 千克的铅球，你的感觉有何不同？由这些问题引入新课。

这种观看视频、图片的方法可以调动学生的所有感官参与，唤起学生的直接经验，为学生理解知识打下良好的基础。同时，这种方法会给学生留下深刻的印象，可以帮助学生加强对知识的认识、理解和记忆。

教无定法，新课导入的方法多种多样，没有固定的模式。在物理创意教学过程中，我们不能生硬地去搬用某一种导入方法，而应以学生为主体，根据教材内容的特点，灵活运用一种或多种方法导入新课。只要教师积极探索、认真思考、勇于实践，一定可以取得更好的教学效果。

总而言之，想要让学生对新的物理知识产生兴趣，教师首先应该精心设计新课导入的方法。以上提到的设疑导入法、实验导入法、故事导入法、类比导入法和形象导入法都是非常实用的。这些方法都能够提高学生学习物理的兴趣。

第二节　创意实验课："一叶知秋"

创意实验教学就是通过创造性的构思，设计创新性、综合性的实验问题，把培养学生的探索精神、实践能力以及创新意识置于创意实验教学活动中，教给学生科学的实验方法，培养学生的科学素养。物理学是建立在观察和实验基础上的，研究物质的运动规律和基本结构及其应用的一门科学；物理知识来源于生活，是人们在不断实践的基础上总结出来的科学真理，隐含着实践—认识—再实践—再认识直至获取真知的全过程。物理创意实验是研究和学习物理知识最基本的方法，它是人们获得物理知识的源泉。无论是概念的建立，还是规律的探索和论证，都离不开创意实验。人们通过创意实验的假设、探究、论证、归纳、总结等发现真理，可做到"一叶知秋"。

一、物理创意实验教学的基本内涵

物理创意实验教学是为了探求物理规律，通过创意性的设计和构思而进行的物理领域中的科学探究。具体环节包括提出问题、猜想假设、设计实验、制订计划、进行实验、收集数据、分析论证、归纳总结、交流合作等活动。在具体的实施过程中，可以涉及其中某几个环节，也可以是全过程，即部分探究和完整归纳探究。实验探究现已成为物理创意教学的重要标志，也是目前一些发达国家中学理科教学的基本手段和学生活动的主要形式。

二、物理创意实验教学存在的问题

由于对物理创意实验认识不足和各校具体条件不同，许多学校只重视中考、高考成绩，而对物理实验课程在资金投入、组织教学等方面都存在不足。在物理创意实验教学中普遍存在以下几方面问题。

（一）实验室硬件设备不能及时补充、更新

近年来，由于各校扩大招生、新课程改革对实验的要求出现了新的变化，以及对物理实验室建设投入不足等原因，很多学校出现实验仪器过于陈旧不能正常使用、仪器数量不够、教学内容与仪器不配套等情况，使物理创意实验教学不能正常开展。

（二）创意实验教学没有得到应有的重视

物理是一门以实验为基础的学科，但有的教师由于对创意实验的作用认识不足，在教学中过分偏重课堂讲授，使实验课时得不到保证，削弱了创意实验教学的价值。加之科技的飞速发展，多媒体教学手段的应用，部分教师过分追求多媒体模拟实验，不重视实际操作，放弃了运用创意实验这种直观教学法，不利于培养学生的动手操作能力和创新能力。

（三）创意实验教学过程缺乏系统性

由于对物理创意实验作用认识上的不足，一些教师单纯地为完成教学任务而安排实验，对学生实验能力的培养没有计划和目的，缺乏系统性。这种情况造成一部分学生对物理实验兴趣不浓，积极性不高，课前对物理实验的目的、原理和步骤等了解不够，课堂上只是仿照教师的操作进行，实验质量不高。

（四）缺乏对创意实验操作的巩固和对实验技能的考查

让学生学会使用一些基本的物理仪器和设备，具有良好的实验修养，是物理学科的基本要求之一。但在实际教学中，教师的教学缺少对创意实验操作的反复练习和巩固过程，更缺乏对实验技能的考查，对学生的实验技能掌握情况、熟练程度不了解，更不能针对学生在实验操作中存在的问题采取有效措施；甚至对于物理实验的考核，部分学校只在实验考核前才抽时间统一让学生操练，平时的学生实验都由教师演示，或者用口头讲授来代替，使对学生仅有的实验考查变成了机械操作。

（五）为了预定的结果，学生会主动弱化自己的实践能力

物理实验一般是两人组成小组协作进行的，对于物理实验的好奇心驱使着学生抢着去完成实验的每一个步骤，但一节课下来，学生的实验出现了很多状况，如用错仪器，操作不规范，实验仪器使用不熟练，等等，最后导致实验结果不理想。时间久了，学生会默契地推举组内一名动手能力强的学生来完成整个实验，直至得到教师预定的结果。

（六）在遇到实际问题时不能灵活运用已学过的物理知识来解决

物理实验都是科学家们经过反复操作过的成熟实验，实验环节中出现的许多问题都有过先例，学生在做实验的过程中也会出现各种各样的问题，但是他们往往会很被动地问教师、实验指导员该怎么办，甚至还

会慌张到无从下手。其实，学生只要认真思考，联系曾经学过的物理知识，自主解决问题的可能性就会增大，而且对该实验的记忆也会更加深刻；如果只靠教师的帮忙，对实验的理解就不深刻，也就更谈不上培养出解决问题的能力。

三、物理创意实验教学的设计原则

（一）主体性原则

创意实验学习活动始终要围绕学生自己的发现—选择—创意—解决问题这个研究活动过程来设计，以学生的活动为中心，放手让学生自己去研究、探索，把学习活动的主动权交给学生，教师在其中只起点拨、指导、领路的作用。在设计创意实验时，教师要充分考虑如何激发学生对问题情境或创意内容的兴趣和创意动机，要保证创意活动过程对学生的开放性，给学生提供自主探索、自主创造的机会，让他们能各尽所长，充分发挥。

（二）目标性原则

做每个实验都要有明确的目的，具体到创意的每一步也要有明确的目标。这里的目标包括知识与技能、过程与方法、情感态度与价值观这三个维度。当然，具体到每个创意实验，其目标可能有所侧重。有了明确要达到的目标，创意实验就有了正确的方向，学生就能在创意实验过程中经受住困难或挫折的考验，从而对创意实验过程的艰辛与乐趣体验得更深刻。

（三）科学性原则

创意实验设计中的实验原理科学、装置合理、操作程序和方法正确，所采用的设计标准、方法、步骤等都有一定的理论依据或实践基础，得出的实验结论才有可能是正确的。在整个创意实验过程中，要着重培养学生科学的思维方法、观察和记录实验的方法，以提高学生的科学素养，这也是创意实验设计的宗旨。

（四）趣味性原则

创意实验的设计要充分考虑学生的心理特点和认知水平，实验设计要生动、有趣，能使学生自始至终保持很高的兴趣。

（五）简约性原则

创意实验的简约性是指要用尽可能简单的实验方法和装置，用较少的实验步骤和器材，在较短时间内达到预期目的。用简单易行、合理的实验设计，冲淡学生在实验准备工作阶段怕麻烦的情绪；用新材料、新工具降低实验的操作难度。实验设计简约、装置简单、操作简便，整个实验过程中没有过多的干扰，学生就可以将主要精力集中在实验目的上。简单就是美，恰当的实验设计既突出实验重点，又没有冗长的实验步骤。

（六）互动性原则

现代教育理论指出，教学过程是师生交往、积极互动、共同发展的过程，师生互教互学形成了一个真正的“学习共同体”。在教学中，存在着师生间、生生间的交往，交往的基本属性是互动性和互惠性。信息交流实现了师生互动，相互沟通、相互影响、相互补充，从而达到了共识、共享、共进。

四、物理创意实验教学内容的选择

实验内容是实施物理实验并使教学效果达到预期目标的根本。物理实验中蕴藏着极为活跃的因素，随时会出现许多学生意想不到的问题，对于活化学生学习到的知识和训练思维有很大的好处。在选择内容时要考虑到以下几个问题。

（一）目标的全面性

传统的实验教学在目标上主要强调知识的获取，包括一些具体的实验技能。而创意实验教学应具有更加全面的目标，不仅包括知识方面，而且包括态度、情感、能力等诸多方面。按照新课程标准就是知识与技能、过程与方法、情感态度与价值观这三个维度的要求。课程标准对学生科学创意及物理实验能力的要求主要体现在提出问题、猜想与假设、设计实验与制订计划、进行实验与收集证据、分析与论证、评估、交流与合作七个方面。

（二）内容要在学生的“最近发展区”内

教师的引导应高于学生现有的水平，否则学生得不到应有的发展；但也不能差异过大，否则会导致学生学习失败，对学习失去兴趣。

（三）内容要贴近生活、贴近社会

很好地联系学生的生活实际和社会实际，可以提高学生对物理的学习兴趣，使学生感到物理就在自己身边，也可以使学生在知道和理解物理知识的基础上，能够清楚所学的知识能用于做什么和怎么做，同时对物理的本质和价值有正确的认识。

（四）内容要结合课程标准

新课程标准中的实验可以分成几类。

第一类是在表述上有“通过实验，探究……”等字样的实验，这是一类基本的探究性实验，是课程标准规定了的。这样的实验的例子有：通过实验，探究加速度与物体质量、物体受力的关系；通过实验，探究决定导线电阻的因素，知道电阻定律；通过实验，探究单摆的周期与摆长的关系。

第二类是在表述上有“通过实验，知道……” “通过实验，认识……""通过实验，了解……""通过实验，理解……""经历……实验过程，了解……"等字样的实验，这样的实验的例子有：通过实验，认识滑动摩擦、静摩擦的规律，能用动摩擦因数计算摩擦力；通过实验，了解物体的弹性；通过实验，理解光的折射定律；通过实验，知道常见传感器的工作原理。对于这一类实验，可以根据实际需要，把它们设计成创意实验。

还有些在表述上有"通过实验，演示……"等字样的实验，这类实验也可根据情况设计成创意实验。比如，用录像或计算机模拟演示 α 粒子散射实验。还有些实验是不适合被设计成创意实验的，主要是仪器使用、操作训练等类型的实验。比如，初步了解多用电表的原理；通过实际操作学会使用多用电表；以多用电表为测量工具，判断二极管的正负极，判断大容量电容器是否断路或者漏电。

五、开展物理创意实验教学的策略

实验教学和实践是提高学生综合素质，培养和锻炼学生动手能力、创新意识的重要环节。在实验教学中，应逐步减少验证性实验，增加综合性和设计性实验，课程实验与课外实践相结合、实验与科研相结合、基础训练与创新相结合、实践与社会发展需求相结合。这样，实验教学才能既符合教学大纲的基本要求，又利于学生的个性化发展。

（一）转变观念，重视实验

学校物理创意实验教学的现状在很大程度上与观念有关，所以要促进实验教学改革，转变观念是关键。学校领导应树立新观念，在课程设置、经费投入、师资调配和其他相关方面充分考虑物理实验教学的实际需要，并在一定程度上对实验教学改革给予保证。教师要树立以学生为主体、以学生的发展为中心的教学观，把物理实验教学作为物理教学过程的重要环节，认真改进、大力加强实验教学。

（二）培养学生理解实验原理，进行实验设计的能力

教学中，教师应要求学生明确各个实验的目的、原理，引导学生根据实验原理对实验进行创意设计，包括用什么物理定律、公式，电学实验用什么电路图等。还应弄清哪些是已知量、被测量，然后选择所需要的仪器和实验条件，进而设计好实验步骤，画好记录表格等。教学中，教师可先示范，让学生模仿学习，也可由教师提示，学生独立摸索，进行实验。

（三）培养学生正确记录实验数据和处理数据的能力

教学中，教师应指导学生如何读取和记录实验数据。如记录要及时、完整，注意按有效数字的方式记录，注意数据单位的正确性，等等。一般要求学生在实验前列出表格，使用该表格能记录直接测出的各物理量，能填写计算出来的中间数据和最后数据等内容，进行数据的处理、运算，对实验结论进行分析。在整理数据时，如发现有不合理的数据，应对该数据进行补测。数据的处理方法可分为计算处理法和图像处理法。学生处理数据的第一意识是计算处理法，图像处理法对于学生来说是一个薄弱项。教学中，教师可引导学生采用图像处理法，如在研究匀变速直线运动、探究弹簧弹力和形变的关系、用单摆测定重力加速度、描绘小灯泡的伏安特性曲线、测定电源的电动势和内阻、测定玻璃折射率等实验中采用图像处理法均可达到简便、直观的效果。最后，还应让学生明白实验结果的物理意义是什么，与理论计算值有何偏差。通过这样的分析与研究，许多深层次的问题都可得到解决。

（四）教学中抓住关键实验，深化原理拓展，注重方法迁移

电学实验是高考命题热点，教师在教学中一定要强化学生对电路的认识。我们可将电路按功能分为电源电路、测量电路、控制电路、测量仪表四部分，来深化学生对其原理的理解。教学中还可科学归纳，将相

同实验原理或实验方法归类整合，进一步明确该类原理和方法在不同实验中所起到的相同作用。如以打点计时器为主要设计思想的实验有打点计时器的使用、测匀变速直线运动的加速度、验证牛顿第二定律、验证机械能守恒定律，以欧姆定律为主要设计思想的实验有测定金属的电阻率、描绘小灯泡的伏安特性曲线、电流表改装电压表、测电源电动势和内阻等。在深入理解实验原理后，可让学生设计某个达到相同目的的实验，从而培养学生的创新能力和迁移能力。

（五）注意挖掘非实验题中所隐含的实验原理和设计方法

在教学中，我们发现许多习题的设计与实验的设计是相通的，实验的原理和方法都隐含在习题中。例如，我们平时都做过求斜面或平面上动摩擦因数的习题，其中的题干就是设计测动摩擦因数实验的方法。教学中，教师若能有意识地加强学生在这方面的训练，就能收到事半功倍的效果。

（六）鼓励学生积极参与趣味小实验、小制作

各种物理实验，从某种意义上说，都是一种特殊的、直观的实践，学生在动手完成各种小实验、小制作的过程中，思维异常活跃、学习欲望高涨、参与意识强，都迫切地希望进一步探索问题，学习到的物理知识也比较深刻、牢固。在趣味实验活动课中，我们设计了“测沙子间的动摩擦因数”“高空落蛋”“拍摄自由落体频闪照片”“超级肥皂泡”等趣味性实验，并有意识地在教学中加以讲评。这样，既活跃了课堂学习气氛，又给学生提供了参与学习的机会，并使班级中不同认知水平的学生的求知欲都得到了满足。

（七）在实验课中设计开放型的创意式实验

如果每次物理实验的实验目的、仪器准备、操作步骤、实验报告全部都由教师预先设计好，学生只“按方抓药”“照图施工”，长此以往，

学生在实验过程中就不再会有浓厚的实验兴趣。因此，教师要适时、适量地改进实验课的教学组织形式，设计一些开放型的创意性实验。当学生熟悉实验的流程后，应该尝试让学生适当地亲身经历设计方案、选择仪器、制订步骤、设计表格、收集信息、处理数据、得出结论、实验评价等实验过程中的各个环节，使学生真正进入科学学习的状态和角色。当然，在实验中，教师应适当地引导和帮助学生树立自主实验的信心，并对他们的实验进行评价，指出学生在操作上或思维上的“闪光点”。对于实验过程中出现的异常现象，教师要激励学生进一步探索，分析原因，从中有所发现。

通过创意性实验，学生不但能掌握仪器的使用方法、实验的原理及其设计、实验数据的处理方法、能力型实验的研究对策，培养出实事求是的实验态度、团结协作的能力、敢于怀疑的精神和探索创新的意识等，还能懂得要变换角度、变换问题去认识同一件事。例如，测电阻的实验可以使用不同器材、不同方法、不同电路，其方法很多，有伏安法、滑安法、滑伏法、替代法、半偏法等，电路也有内、外接法，限流、分压接法等，而其共同点都是应用了部分或闭合电路的欧姆定律。

（八）把演示实验、学生分组实验改为随堂实验

目前，我国的中学物理实验教学主要有三种形式：演示实验教学、分组实验教学和课外实验活动。课堂实验教学以前两种形式为主，这两种教学形式各有其优点和缺点。演示实验教学相对于“灌输教学”而言，注重了学生的认识规律，教学效果较显著，但因学生未能亲自参与实验，对物理现象的认识不够清晰，对知识的掌握不是很牢固、很深刻，实验能力和创造能力也难以得到很好的培养。分组实验教学虽是让学生做实验，使其对已学过的物理知识进行验证或测定某个物理量，使学生加深了对物理概念和规律的理解，但难以充分培养学生的创造力和开拓精神。把演示实验教学和分组实验教学的优点合二为一的方法是随堂实验教学。一般来说，在学生进行分组实验前，教师要在课堂上授课

和做演示实验，无形之中，重复了教学过程；而随堂实验教学是师生在实验室共同做实验来“重新探索”或“重新发现”物理规律，无须实验前教师专门做演示实验，节约了课时，而且能产生启发性的教学效果。

如“加速度与力的关系”“加速度与质量的关系”两节课，把演示实验和学生分组实验合并为学生随堂实验，通过对电火花的描迹，学生能很快得出“加速度与合外力成正比”“加速度与质量成反比”的结论，并做出了 $a-F$ 和 $a-\frac{1}{m}$ 图像，既解决了“牛顿第二定律”演示实验难做的问题，又节约了教学时间，并且将验证性实验改成了探索性实验，提高了学生学习物理的兴趣，培养了学生的探索精神。

（九）使多媒体技术成为物理实验的重要补充手段

多媒体技术的普及为物理教学提供了全新的技术手段和教学平台，并使物理实验教学的现代特性得到了进一步发挥。首先，利用多媒体技术可以仿真传统实验，这可以作为真实实验的事前准备，使学生在做真实实验之前对实验设备和内容有深刻的了解，从而提高物理实验的教学效果。其次，可以仿真中学物理实验室内所无法完成的实验（如 α 散射实验），同时可仿真宏观或微观的自然现象（如地球绕太阳转、分子运动），还可以仿真极快或极慢的实验过程（如自由落体），从而突破实验条件、空间以及时间对实验的束缚，进行逼真的模拟，灵活地放大或缩小物理场景，将物理过程生动形象地展现于学生眼前，使学生加强认识，理解透彻。再次，采用摄像机和电子计算机等手段对演示实验进行现场直播，可以提高实验的可见度，增强实验的效果。如在“电阻定律”演示实验中，实验仪器较多，实验中既要改变线路的连接方法，又要读出电流表、电压表的读数，学生很难观察，而且只用实物投影仪不能将实验操作过程和电表读数全部投影到大屏幕上。针对这种情况，教师可结合电教设备，采用摄像机对演示实验的操作过程进行课堂实录，再将信号直接传送到计算机中，通过大屏幕现场直播，这样全班学生对实验线路的连接、教师的操作过程、电表指针偏转情况及读数，都看得一清二楚，从而提高了实验可见度，可收到非常好的效果。

（十）全面开放物理实验室

第一，由于学生个体之间存在差异，在课堂上不可能都能按时完成实验任务，开放实验室可以为他们提供完成课堂实验的机会。第二，学生大脑里一旦有了好的想法与设计时，能及时通过实验来验证，这能激发学生的创造热情。第三，学生利用空余时间参观实验室，提前对一些新的仪器有一定的感知，可大大减轻日后实验的难度。第四，可以消除学生对实验的神秘感，让他们感觉到实验室就在身边，实验仪器就在身边，提高参与实验的愿望。

六、物理创意实验教学案例分析

物理创意实验教学设计就是要改进课本上的物理实验，使之易于操作，突显实验所蕴含的“创意”功能，它既可以直观地展现、示范抽象的思维方式，又可以训练学生，避免思维“惰性”的形成，让理论和实践循环往复，螺旋式上升。

实验一：静摩擦力方向的判别。

这是学生普遍感到困难的知识点，其主要原因是学生日常生活中缺乏这方面的感性认识，难以想象两个相对静止而又有相对运动趋势的物体的接触面之间的情况。教学中，可以取两只鞋刷，使刷毛相对地叠放在粗糙的台面上，水平推上面的一只鞋刷，可以看到上、下物体间刷毛形变的方向相反，由此可推想出上、下物体所受静摩擦力的情况。这样，就给学生提供了一个表象思维的模型，化抽象为形象。学生对于静摩擦力的产生、方向等问题茅塞顿开。

实验二：热效应。

为了形象、生动地做好热效应实验，在教学中只需用一段电阻丝绕成螺旋状，把一根火柴置放于螺旋导线之中，然后接通电路即可。在短时间内火柴就可以燃烧起来，说明电流具有热效应。此实验具有两大特点：其一，简单易做，效果显著，在很短时间内电阻丝无须发红便可看到火柴着火燃烧，不必用手靠近试触；其二，具体生动，直观明了。该实验全体学生均眼见为实，激发了兴趣，起到了事半功倍的教学效果。

实验三：验证大气压强存在。

为验证大气压强存在做“水杯—纸片”的实验，很多教师简单地把纸片盖在装满水的杯口再倒过来，实验做完即了事，让学生目睹了一个“理所当然的事实”“没有什么好想的”。重新设计这个实验教学时，可让学生在观察的过程中带着问题，对“纸片在什么条件下能掉下来”进行对比观察，分别演示水杯盛满水，杯口向下和向侧面；盛少量水和不盛水；盛满水的杯子上盖薄纸片和厚纸片；尾部开口的水杯与不开口的等多种条件下纸片变化的情形，进而引导学生对实验结果与条件的关系进行深层、全面的对比分析，总结概括出现象的本质规律。

实验四：浮力的产生。

演示浮力的产生时，将矿泉水瓶底剪去并瓶口向下，从上面放入两个乒乓球。因为瓶身不大，两个乒乓球会一个在下堵住瓶颈，另一个在上。左手持瓶身，右手从上向里倒水，由于下面的乒乓球堵住瓶颈，水只能向下渗漏。随着瓶内水的上升，上面的乒乓球浮在水面上也随之上升。下面的乒乓球尽管在它的周围和上面都是水，却没有上浮。如果用右手堵住瓶口，渗漏的水很快充满了瓶口和瓶颈之间，下面的乒乓球的底部也会浸没在水中，它会立即“叶”地上升到水面。至此，学生对浮力产生的认识会水到渠成。

实验五：力的相互作用。

分别在两个木块的两侧装上弹簧测力计，放置到粗糙的水平桌面上对拉，以此演示拔河胜负的决定因素。学生读取示数，不难发现，中间一对弹簧测力计示数相等，可见拔河胜负的决定因素不是彼此给予对方的作用力，学生很快会改变思考角度，对每个木块进行受力分析，对两个木块整体做受力分析，从而明确木块整体移动的物理本质。教师再适时地提出问题：拔河中动力从哪儿来呢？学生就会彻底弄清楚拔河胜负的决定因素，也会有根据地去指导自己在游戏中增加取胜的把握。

实验六：重力和浮力。

鸡蛋在浓盐水中的悬浮实验，可以反其道而行之，先配置足以让鸡蛋漂浮的浓盐水，演示悬浮时只需缓缓加入清水即可。因为让鸡蛋受的重力和浮力绝对相等是很难做到的，靠每隔 2 ~ 3 秒向液体内添加少许浓盐水去调节液体的浓度很难实现和维持悬浮。而配置了浓盐水后，可先使鸡蛋漂浮，再缓缓加入清水，这样稀释的是上层盐水，鸡蛋所受浮力随即减小，于是下沉。但是鸡蛋在没入下层更浓的盐水的过程中，容易得到一个平衡点。实践证明，这种方法简单易行，效果好。

实验七：凸透镜成像。

在凸透镜成像的实验中，学生基本完成规定的实验要求后，教师可以提出这样一个问题：如果透镜被遮挡一部分，其成像有何变化呢？要求学生不要急于动手，而是先进行推测或猜想。学生的兴趣就会油然而生，有的认为“不成像”，有的认为“只有半个像”，有的认为“不变化”，等等。学生通过对问题的推测，在动手实验前后，不管自觉还是不自觉，都会经历观察、思考、分析、对比、检验、归纳等一系列思维活动。此时教师再恰到好处地点拨，引导学生对问题进行系统的思考，当结果受到实验的检验，知识间的联系便得到增强和固化，并形成相应的知识组块及学生可感可知的物理模型，思维的力量与作用不言而喻，可以收到意想不到的教学效果。

实验八：压力的作用效果与因素。

做“压力的作用效果跟什么因素有关”的实验，在矿泉水瓶中装半瓶水，盖上盖，先把底部朝下放在沙上，再把瓶子倒转过来放在沙上，探讨“压力的作用效果跟受力面积的关系”。在矿泉水瓶中装满水，盖上盖，正放或倒放在沙上，与装半瓶水时的实验比较，探讨“压力的作用效果与力的大小的关系”，实验简单易行，效果明显。

创意实验教学是提高学生综合素质，培养和锻炼学生动手能力、创新意识的重要环节。利用创意实验教学，让学生积极地参与到教学中，既锻炼了学生对实验的创意能力，又丰富了学生的业余生活，这样的教学才是真正培养新型人才的教学。创意实验教学的好处还在于将实践与创新结合起来，发挥学生的创新能力，培养学生的自信心，这是学生一生的财富。

第三节　创意复习课："喜旧爱新"

物理创意复习课就是教师对已学过的旧知识进行再设计、再创意，使学生通过再学习，达到对旧知识的再记忆、再理解、再整合、再迁移，并重新构建知识的框架，建立系统化的知识网络。"复习课最难上"，这是许多物理教师经常发出的感叹。因为复习课的教学内容已是学生熟悉的知识，对学生来说，复习过程不再像探究新知那样充满挑战的乐趣，"冷饭重炒"势必造成学习过程的索然寡味，不能引起学生学习的高度热情和积极性，学习动力不足。因此，创意复习课的设计就要使学生做到"喜旧爱新"。

一、物理创意复习课的背景分析

物理创意复习课的价值就是突出对新授课知识的弥补、充实、完善和深化，突出整体构建、方法迁移和综合应用，突出思维的拓展与科学方法的形成。要立足双基，突出发展，通过整体构建和综合应用落实思路和方法的培养；既要最大限度地挖掘学生的潜能，又要避免脱离学情的"一步到位"；要突出复习的必要性，让学生明确要深化、完善的重点及要求，要探究的思路与方法。

（一）传统复习课存在的问题

在基础知识的复习过程中，教师往往会对知识进行教材顺序上的重现，这虽然在深度上符合大纲的要求，但往往缺乏对知识宏观上的横、纵向之间的概括和总结，虽然在校本复习纲要和很多参考书上都有知识网络图，但未被教师和学生充分重视和很好的使用，往往只是在一章的开始做一下介绍性的解说，一带而过。缺少从整体到部分再到整体的知识系统化过程，造成的结果就是学生在头脑中对知识的记忆是零散的、混乱的一些“点”，并没有按照知识之间的逻辑关系形成线和网，即知识系统化的程度不高。

（二）传统复习课对物理教学的冲击

在传统复习课这样的教学下，大多数学生反映上课听了，下课做了，学起来很累，可考试的时候还是不会，每逢单元考试便遭受挫折，缺少成功的体验。长此以往，从个体讲，学生学习物理的信心和勇气会严重下降，学习的主动性也会降低，物理作业被排在所有科目的最后才做，甚至产生厌学的情绪。在整体的层面上，两极分化的态势比较严重，即只有部分学生在学习物理，有很大一部分学生则在应付考试。新课程标准提出，物理学科的教学目的是提高每一位学生的核心科学素养，而传统复习课的教学方式无疑与新课程标准的要求是背道而驰的。

二、物理复习课知识系统化创意教学

系统化的知识与单个概念和定理相比，无论是内容、形式还是学生的习得过程都要相对复杂。学生习得系统化知识的过程是复杂“知识与技能”目标的实现过程。当学生把所学的知识联系起来并组织成具有内在结构的体系时，对这些知识的记忆时间会延长，理解程度会加深，运用能力会提高。从认知角度来讲，学生所习得的知识在头脑中不是孤立存储的，而是相互间形成了一个网络结构。网络结构是通过知识间的某种关系构成的，从网络中不仅可以提取“点”，还可提取与之联系的“点”。对于学科知识，不是每一个学生都会主动将学习过的相关知识有机地组合起来，即便是自己组织了，也未必合理，所以复习课要做的就是帮助学生建立起符合本学科特点的系统化知识网络。

知识系统化的必要性体现在知识的系统化程度是影响学生解决问题的能力的主要因素。绝大多数学生的知识结构中的结点要么是描述性的，要么跟具体的对象有关，表面性的比较多。在教学中，即便教师有系统化的意识，往往也只是强调知识间的联系，而事实上更重要的是形成联系的关系要清楚。在教学中，教师可采用“表象策略”，即将言语形式的物理概念和规律转化成视觉形式或图画形式的信息。比如，在“功”的复习中，给出如下图所示的知识网络图，这幅图可以把高中物理涉及功的求法都联系起来。但同时还需注意的是，图中所表示的知识结构由于没有表明联系的关系为何，因此，对于学生来说，也不能算是有效的。

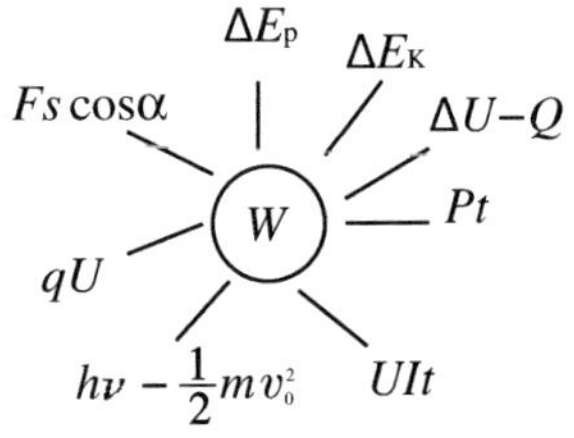

教师在教学过程中采用的复习策略是用来提高学生认知活动的效率的，具体怎样做才能提高学生的知识系统化程度，有效地组织知识呢？具体策略有以下三种。

（一）列表

如果不同的知识具有相同的属性，并且在同一属性方面存在差异，这是学生容易混淆的，那么这部分知识间就可采用列表的方式来建立它们之间的联系。

万有引力定律与库仑定律的区别与联系

定律	联系	区别	影响大小的因素
万有引力定律	（1）都是平方反比定律 （2）都有一个常数	与两个物体质量有关，只有引力，适用于两个质点间或两个质量分布均匀的球体	m_1、m_2、r
库仑定律		与两个物体电量有关，有引力，也有斥力，适用于真空中的点电荷	q_1、q_2、r

这两个物理规律都存在表达式、适用条件等属性，但在同一属性中又有不同之处，同时又存在一些联系，因此，比较适合运用列表法来组织。

（二）层级结构图

如果物理知识之间存在上下层级关系，那么这部分知识一般可采用层级结构图来进行系统化。如下图展示的就是热学部分的知识联系。

热现象
- 从实验观察出发→总结出→宏观理论→热能转化的两种途径
  - 热传递
    - 条件：温差
    - 规律：由高温到低温 $Q_{吸}=Q_{放}$
    - 方式
      - 对流
      - 辐射
      - 传导
  - 做功→内能增加→热功当量→能量守恒→热机
- 从微观结构出发→分子运动论解释热现象

（三）逻辑关系图

物理中的许多定理间存在演绎关系，可以通过逻辑关系图形成相应的知识系统，如下图反映的是力学定律之间的关系。

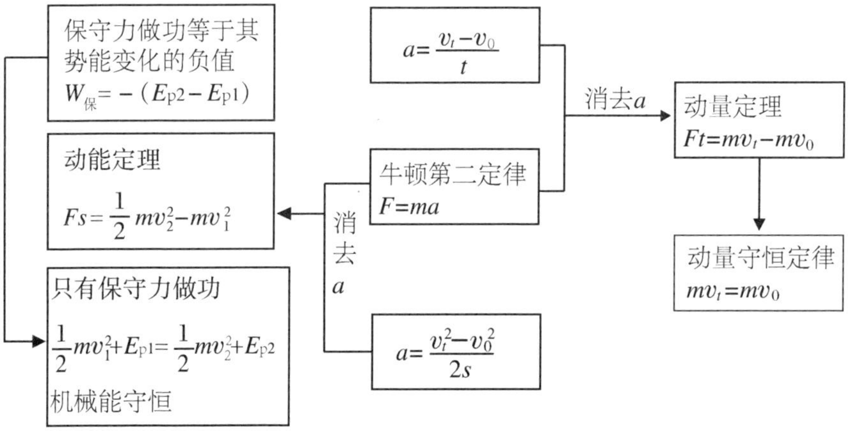

在一节复习课中，教师可引导学生梳理本章的知识，并逐步完成知识结构图。教学过程可参照以下几个环节。

环节1：本章知识的梳理。教师引导学生梳理本章知识，分析各知识点间存在的关系，学生可用自己的方式来组织知识。

环节2：本章知识与已有知识的联系。教师可演示自己的组织方法。

环节3：组织知识方法的学习。教师引导学生反思组织知识的过程，从中意识到组织知识所运用的方法。

三、物理创意复习课课型设计

高中物理复习课内容多、跨度大、时间紧，如何科学有效地组织复习，是物理教师极为关心的问题。创意物理复习课型可以帮助学生构建立体知识网络，提高学生运用物理知识解决实际问题的能力，加强学生整合物理模型的建模能力，激起学生创意复习的欲望，让学生对复习课产生兴趣。

（一）强基课型——夯实物理基础知识

复习课的目标是夯实基础知识，突出对已授知识的弥补、完善和深化，突出复习的整体构建、方法迁移和知识的综合应用，突出思维拓展和科学方法的形成。强基课型的重要任务就是加强概念、规律间的联系，弄清楚每个概念在一个整体当中是以什么方式进行结合的，而在知识的体系当中又占据着怎样的地位，从而创建立体的物理知识大厦。具体课型设计要求如下。

1. 抓好知识点的复习

教师要深入研究《普通高中物理课程标准（2017 年版）》，抓准课程标准中的内容和能力要求，指导学生准确理解和掌握每一个物理概念的定义、数量大小、计量单位及测量方法，知道每个物理规律的推导过程、适用条件和实际应用。在新课程标准的指导下，复习要突出重点，突破难点，抓住热点。对重点知识重点复习，对难点知识强化训练，对热点知识专题训练，对容易混淆的知识对比训练；在知识点的复习中要立足于巩固基础，培养学生的理解能力。

2. 抓好知识点的纵横联系

根据教材各章节中知识点的内在联系，把各个知识点相互贯通形成“线”“面”，使学生的认识条理化，对知识的理解深刻化、全面化。通过对各个物理概念及物理规律的精准理解，帮助学生分辨出各公式、定理、定律的适用条件和运用范围、使用技巧等，分清主干、枝节、层次、重点的知识内容，将各知识点串成线，组成面，提高创意复习的效率。

3. 抓好知识的网络化

全面、系统地钻研教材，尽可能清晰地梳理出教材中内容的线索和内在联系，对中学物理的知识内容按知识体系的点、线、面重新组织和整合，构建立体的知识网络，达成复习系统化、立体化、网络化。如图为牛顿第二定律的知识网络建构图。

（二）讲评课型——强化物理应用能力

习题讲评课是高中物理复习课中经常碰到的课型，如何提高习题讲

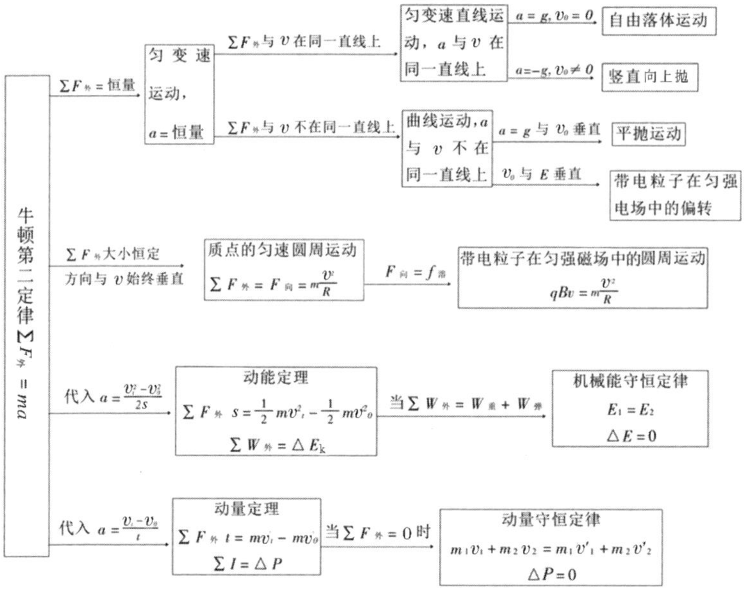

评课的效益是创意物理复习课进行高效教学的关键。然而，在日常的习题讲评过程中，往往存在就题讲题、照卷讲题，甚至简单对答案等现象，这就导致部分成绩好的学生一堂课无所事事，而基础较差的学生仍然云里雾里，下次碰到相关题还是不会。这种习题讲评课，学生很被动，课堂气氛沉闷，讲评效率较低。创意的讲评课应该是学生对已学过的知识进行再次构建和整合的过程。我们知道，讲评课是针对学生练习中出现的各种问题而设置的课型，调查发现，学生在练习中出现错误的原因主要有以下几种：某些知识点遗忘，用错定理定律，受力分析错误或过程分析错误，不会分析，无从下手，题意理解错误，运算错误等。因此，讲评课的目标就是帮助学生扫除盲点、填补缺漏、完善知识结构，引导学生归纳总结、发现新问题、获得新知识和新结论，从而培养和提高学生的分析、思维能力。我认为，采用以下设计将更有利于提高习题讲评课效率。

1. 合作讨论，取长补短

维果斯基的“最近发展区”理论告诉我们，在学生的“最近发展区”进行教学是最为有效的。由学生自己提出的问题以及学生对问题的不同看法，更接近于学生的认知水平，这些资源更适合成为学生学习的“脚手架”。因此，在对某些题讲评前，教师可以先安排学生组成小组进行开放性讨论，合作探究错误原因，很多难度不大的习题，通过学生之间的互相交流很快就能得到解决。这种合作讨论式学习，让基础好的学生有机会展示自己，而做错题的学生也可以随时将自己的疑问提出与大家一起讨论，发现自己思维上的漏洞，这样，原本枯燥乏味的听讲习题课，就变成了一次愉快的学习交流。通过讨论，学生们不但有效解决了问题，更促进了团队精神和协作精神的培养。我曾经用4个平行班做了一个对照实验，在评讲某个主要问题时，在其中2个班级采用教师主讲的方式：教师花了13分钟仔细讲解，并另外举例说明。另2个班级则以学生活动为主、教师指导为辅的办法：评讲前，学生可以独立思考，可以相互讨论，共用8分钟时间，教师只用5分钟讲解，并做变式练习。1个月以后，在考试中又出现了类似的题目，结果后者的得分率比前者高出近10个百分点，这说明上课并不在于教师讲了多少，关键是看学生亲自探究掌握了多少。

2. 铺设台阶，思路引领

有些难题超出了大部分学生的“最近发展区”，这时学生讨论的作用就非常有限，教师直接讲解也很难使大部分学生真正领会，这时铺设适当的台阶，对学生进行思路引领就成为了教师的首要工作。

例：一物体恰能在一个斜面体上沿斜面匀速下滑，可以证明出此时斜面体不受地面的摩擦力作用，若沿如图所示方向用力向下推此物体，使物体加速下滑，则斜面体受地面的摩擦力是（　　）

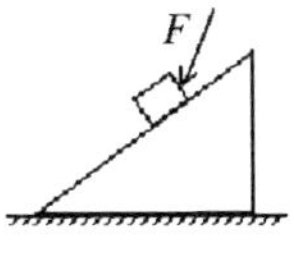

A. 大小为零　　B. 方向水平向右

C. 方向水平向左　　D. 无法判断大小和方向

这是高三调研试卷中的一道题，第一次做该题时，班上学生错误率达到了78.3%，作为选择题，本题数学运算复杂，属于较高难度，很多学生无从下手，显然超出了很多学生的“最近发展区”。为了帮助学生彻底弄清这类问题，教师课前设计时先将题中F的方向做了处理，设计了以下两个较为简单的问题作为铺垫。

（1）如果 F 竖直向下，其他条件不变，物体将如何运动？斜面体是否受到地面的静摩擦力作用？

（2）如果 F 沿斜面向下，其他条件不变，物体将如何运动？斜面体是否受到地面的静摩擦力作用？

第一个问题是以前练习中碰到过的，由于物体在斜面上匀速下滑的条件是 $\mu=\tan\theta$，加上竖直向下的作用力 F 后，可以等效为物体重力的增加，所以物体仍然匀速运动，再用隔离法对斜面分析或用整体法就不难得出地面对斜面体的摩擦力仍然为零这一结论了。

第二个问题，开始，部分学生想用整体法求解，但列式后发现比较麻烦，经过讨论后改用隔离法就很容易判断出物体虽然在 F 作用下加速下滑，但其所受支持力和摩擦力大小方向都没有改变，根据牛顿第三定律可知斜面体受力情况并没有发生改变，因此这种情况下斜面体同样不受地面的摩擦力作用。

这两个简单问题解决后，再让学生讨论题目中 F 与斜面有一定夹角的一般情况，本以为这一问题学生会用常规的隔离法通过计算来求解，没有想到学生站起来后说："根据前面的讨论，将 F 分解到沿斜面方向和竖直方向，可得斜面体还是不受摩擦力作用。"一句话就轻而易举地解决了我们教师算了好一会儿的问题。这让我很是感慨，这么简单的方法我们这些教师都没有想到！但我们的学生在前面两个小问题的启发下，却得到了这一简单快捷的方法。试想，如果在教学中只是直接用常规的隔离、计算的方法来讲解，学生肯定是很难想到这一巧妙方法的。

由此可见，同一知识结构通过不同个体内化形成的认知结构并不完全相同，良好的认知结构并不是教师灌输给学生的，学生只有在思考讨论的过程中才可能不断地完善自身的认知结构，才能实现真正的有效学习。而教师要做的就是铺设好必要的台阶，做好思路的引领。两个月后，我们再次做了一道与此相似的问题，本班学生的错误率已经不到20%。

3. 一题多变，激发兴趣

一些中等难度的问题，如果在课堂上就题论题地进行讲解，对于部分基础好的学生就没有什么吸引力，很难让这些学生积极投入思考，这时适当进行变式就非常重要了。习题讲评课上进行一题多变、一题多解的教学，更有利于激发那些基础较好的学生的兴趣和思路，也更有利于课堂气氛的活跃。讲评型复习课是以发展学生能力，如思维能力、解决实际问题能力等为目的的复习课。每堂讲评型复习课，可着重围绕某一问题模型来组织教学，通过问题的剖析、展开、改造，可使学生的认知系统和能力得到和谐发展。讲评问题模型教学中，教师除引导学生探索一题多解外，更主要的是一题多变，对典型问题进行不同角度的改造，变换物理模型，拓宽物理情境，从而诱发学生的求知欲，培养学生的能力。具体做法包括以下几点。

（1）相近性的多变。在问题求解模式相同或相近的前提下，变换问题的情境，拓宽问题的设问形式，其目的在于提高学生的类化能力。

（2）阶梯性的多变。以某一较为基本的物理情境为基础提炼出物理情境呈阶梯性变化的问题，提高物理情境、过程的复杂性或迷惑性。在分析具体的物理问题或物理过程时，教师可引导学生从思维的某一基点出发，逐步扩大思维的视觉和空间，从而将知识的应用、能力的发展推向新的高度。

（3）对比性的多变。在相似事物的对比中，教师可启发学生的比较性思维，提高其对问题的鉴别能力与抗干扰本领，同时提高学生的知识迁移能力。今后，当学生们遇到类似问题时，便能提高解题的效率及准确率。

（4）反向性的多变。将物理问题的某些条件及设问进行巧妙的隐性反转，在分析求解过程中培养与发展学生的逆向思维能力。

所以，在习题讲评课的教学中，教师应仔细分析学生出错的原因，弄清学生在知识和能力方面的薄弱环节，有针对性地设计问题，或对问题进行改造，将难度较大的问题进行适当的细化和铺垫，让设计的问题始终处于学生的“最近发展区”，通过课堂的思考、讨论，让学生将教师提供的方法、知识逐步内化成自己知识结构的组成部分，只有这样才能实现真正的创意复习教学。

（三）建模课型——提升物理核心素养

高中物理建模是复习的关键，也是物理学科重要的核心素养。近几年，理论联系实际的试题在高考中经常出现，而这恰好又是学生容易失分的地方，找到问题的根源，教师就要在平时复习的时候特别注意学生建模能力的培养。复习阶段，要使学生知识条理化、系统化，在分析与解决实际物理问题方面形成熟练的技能与技巧，就必须使学生首先能正确辨别各类问题模型，准确把握其内涵及外延；其次是牢固掌握各类问题模型的分析方法与解题思路。因此，在创意复习课中，教师应教会学生整理问题模型信息，通过分类、概括、归纳后，再从新的角度去认识问题模型的范畴，比较问题模型的异同点，把握其实质。具体来说，建模有如下几方面。

1. 科学建模

在复习的过程中，教师引导学生充分运用所学的基础知识，通过点、线、面的有机联系，把复杂的实际情况转化成学生容易接受的简单的物理情境，从而形成一定的经验性的规律，即建立物理模型。

2. 模型分类

教师指导学生对有关联的诸多具体问题模型进行分类：一是根据问题模型的结构装置相同或相似分类；二是根据问题模型具有的相同或相似的解题原则与方法分类；三是根据问题模型中隐含的某种相同或相似的特征分类；四是根据某一物理量或某一物理概念在不同情境中的具体化进行分类；五是根据问题模型物理过程的特点进行分类。

3. 模型解题

在复习课中，针对各种不同的问题情境模式，学生思考其中的原理，排除部分干扰因素，摒弃一些非本质的因素，抽象出对应的物理模型，从而恰当地运用物理模型来解决问题。具体步骤：第一步，根据问题结构或题型特点从有关习题中找出属于本类问题模型的问题，再进行求解；第二步，分析本类问题模型不同题型的异同点及内在联系；第三步，选解本类问题中的典型模型问题习题；第四步，分析比较它们的解题思路、方法及关键点，若解题中出现错误，认真分析错解原因；第五步，教师要引导学生多关注生活和科技，引导他们理论联系实际，灵活地运用已建构模型去理解生活、生产与科技有关的问题。

创意复习课是以知识深化、整合和综合应用立意的一种课型，要注重结构性，体现综合性，着眼提高性。创意复习课倡导“整合—训练式”教学策略，即：高度概括，根据各部分知识所反映（或描述）的现象（或过程）的物理属性，深刻领会它们之间的逻辑关系，构建科学的知识体系，使知识进一步系统化；温故知新，深化对重点内容的理解，澄清对难点知识的困惑，科学归属知识的功能，使知识进一步条理化；综合应用，全面认识概念、规律的内涵与外延，探究综合解决实际问题的思路和方法，形成科学的思维体系。

四、物理创意复习课教学示例

（一）“匀变速直线运动的规律”创意复习课教学设计

【教学目标】

（1）掌握匀变速直线运动的 $v-t$ 图像的特点，能通过图像推导相关公式。

（2）理解匀变速直线运动相关公式的特点，了解匀变速直线运动习题的特点，掌握处理问题的基本方法。

【教学重难点】

（1）重点：匀变速直线运动的特点及规律的应用。

（2）难点：寻找解题思路。

【教学过程】

学习匀变速直线运动的规律，要求学生能对较复杂的运动过程进行处理，应用数学知识（公式、图像等）去分析、研究、解决问题，对学生的思维能力要求较高。

<table>
<tr><th>教学环节和教学内容</th><th>教师活动</th><th>学生活动</th><th>设计意图</th></tr>
<tr>
<td>一、匀变速直线运动的定义
课堂演示：轨道上小车的运动。
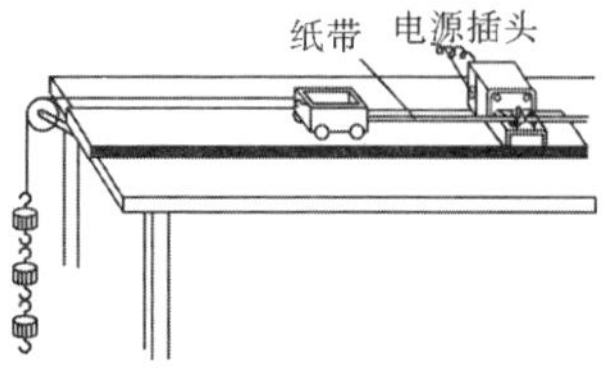

情境一：图像分析。
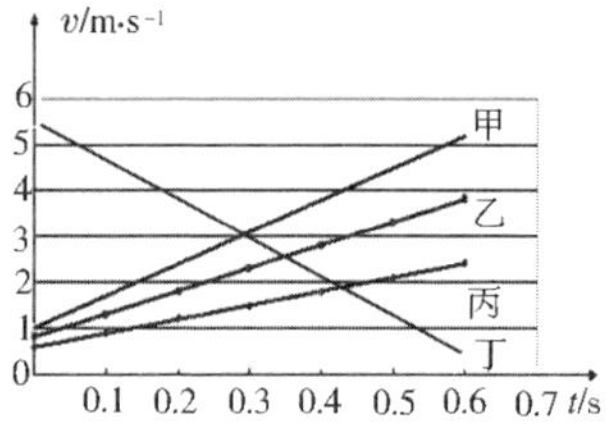

思考与讨论：
(1) 请判断甲、乙、丙三个图像分别对应几个钩码，说明判断的依据。
(2) 图像丁所描述的物体做什么运动？
(3) 物体做加速直线运动或减速直线运动的条件是什么？
情境二：以下图像所描述的物体做匀加速运动的是________。
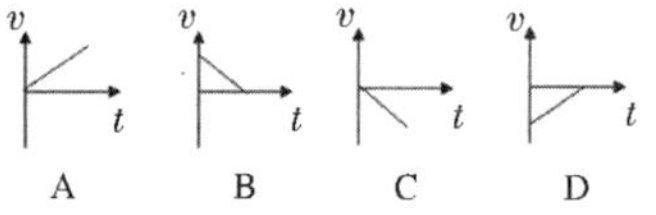

情境三：以下两个图像反映出的物体运动情况是怎样的？全过程是否是匀变速运动？
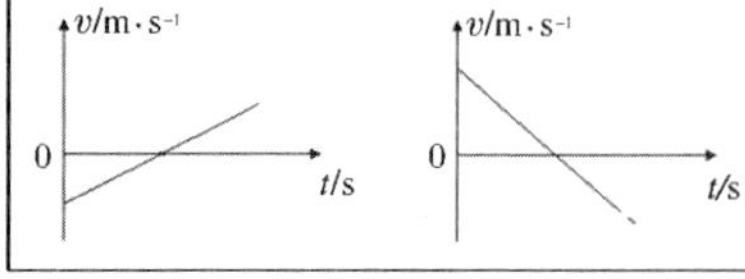
</td>
<td>同学们，这节课我们来复习匀变速直线运动的规律。轨道小车是研究匀变速直线运动的经典实验器材，用来研究在钩码牵引下小车的运动。请大家认真观察以下过程中小车的运动。(依次挂1个、2个、3个钩码)请学生分析、回答问题，然后进行概括。</td>
<td>观察实验现象后，结合图像思考、回答问题。根据回答情况，展开讨论。

分析情境二和情境三。</td>
<td>先通过观察实验现象，让学生感受匀变速运动，再通过对图像的对比分析，引导学生思考图像斜率的物理意义，进而明确匀变速直线运动的定义。
可能有学生答出“钩码越多，小车运动得越快”等说法，此时可以让学生展开辩论，使学生更加明确速度、加速度的物理意义。</td>
</tr>
</table>

（续表）

教学环节和教学内容	教师活动	学生活动	设计意图
二、匀变速直线运动公式的推导 1. 数形结合——学生推导基本公式 如图所示，已知初速度为 v_0，加速度为 a，请推导 t 秒末的速度与 t 秒内的位移的表达式。 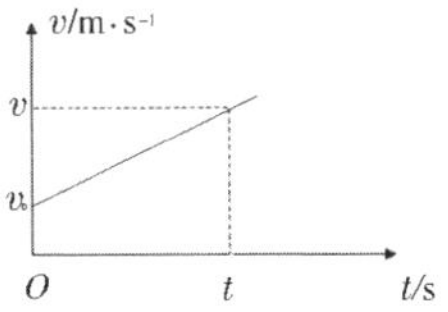 2. 图形变化——创新推导方法 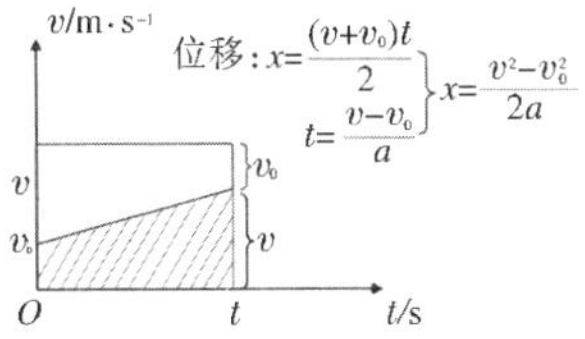	提出问题，请学生板演讲解推导过程。 结合图像，分析公式，加深学生对公式的记忆。 课件展示，用一个全等的梯形完成图像拼接，引导学生由所得的矩形推导速度与位移的关系式。	学生板演讲解推导过程。	让学生将匀变速直线运动过程在语言表述、图像和公式之间相互转化，体会数学方法的灵活性与重要性。

（续表）

教学环节和教学内容	教师活动	学生活动	设计意图
三、规律应用 情境一：汽车以 72 km/h 的速度匀速行驶，现以 2 m/s^2 的加速度做匀加速运动，求： (1) 开始加速后 5 s 末汽车的速度大小。 (2) 加速的前 5 s 内汽车的位移大小。 (3) 从开始加速到速度达到 40 m/s 的过程中，汽车前进的位移。	展示问题。 进行点评。 第(3)问，学生应该通过联立方程组求解的比较多，也可能想到平均速度公式（对学生思维能力要求较高，需要适当引导）。	独立完成，请两名学生板演。 进行必要的讨论。	展示学生的思维及解答过程，从中发现问题，强调基本公式的应用和解题习惯的养成。
情境二：汽车（看作质点）由静止出发做匀加速直线运动，用 10 s 时间通过一座长 140 m 的桥，过桥后汽车的速度是 16 m/s。求： (1) 它刚开上桥头时的速度大小是多大？ (2) 桥头与出发点之间的距离是多少？			情境一和情境二第(1)问，研究的是单一的匀变速直线运动过程，在问题研讨完之后，再让学生从这个角度进行对比，加深对规律的认识。
四、课堂总结 1. 公式的图像推导 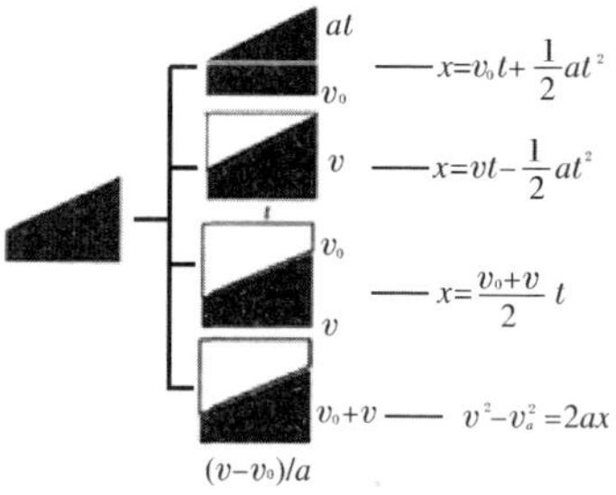			

（续表）

<table>
<tr><th>教学环节和教学内容</th><th>教师活动</th><th>学生活动</th><th>设计意图</th></tr>
<tr>
<td>2. 公式的对比分析
<table>
<tr><th>公式</th><th>所含量</th><th>缺少量</th></tr>
<tr><td>$v=v_0+at$</td><td>v、v_0、a、t</td><td>x</td></tr>
<tr><td>$x=v_0t+\frac{1}{2}at^2$</td><td>x、v_0、a、t</td><td>v</td></tr>
<tr><td>$v^2-{v_0}^2=2ax$</td><td>v、v_0、a、x</td><td>t</td></tr>
<tr><td>$x=\frac{v_0+v}{2}t$</td><td>x、v、v_0、t</td><td>a</td></tr>
</table>
3. 解题方法指导
(1)审题：画示意图，标注已知量和待求量。
(2)寻找解题思路。
顺推：已知—可知—欲知
逆推：欲知—需知—已知
(3)列式。
代数。（注意单位换算及公式的矢量性）
求解。
讨论。

五、拓展训练
小球从 A 点出发沿光滑水平面做3 s的匀速直线运动后，从 B 点滑上一粗糙水平面，又经4 s停在 C 点，A、C 两点间距是4 m。求小球在 BC 段运动时的加速度大小及 BC 两点间的距离。
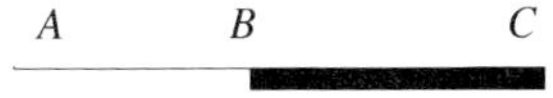
</td>
<td>简洁点评。

强调公式中所含的5个量，每个公式含有4个，都共同含有初速度。若已知物理量和待求物理量中含有初速度，一个公式即可求解；若不含初速度，一般需要联立方程组。

结合例题，梳理解题方法。</td>
<td></td>
<td>习题教学的目的不是单纯地求得结果，而是为学生掌握分析问题和解答问题的方法提供原型或模式，因此要引导学生思考题目特点，探索解题思路，总结解题规律。
该题目包含匀速直线运动与匀变速直线运动两个运动过程，通过相关量（速度）建立两个过程的联系，是解决问题的关键，有利于训练学生的思维能力。</td>
</tr>
</table>

（二）“动能、动能定理”创意复习课教学案例

我对高三第一轮复习“动能、动能定理”一节的设计思路是：通过播放视频引出物理问题和模型，激发学生的学习兴趣，贴近生活，实现“从生活走向物理，从物理走向社会”，探究物理规律；通过让学生完成学案、复习回顾和相互探讨，营造民主、和谐、合作的探究氛围，给学生的主动探索、自主学习和提高能力留有充足的空间；通过使用多媒体辅助教学，优化课堂，提高教学效率和质量。

高三学生已基本适应了创意学习法，具有较好的思考与讨论、交流与合作的学习习惯，同时对动能定理已经有一定的理解，对应用动能定理解题有了一定的体会。

【教学目标】

1. 知识和技能

（1）正确理解动能及动能定理的概念及特点。

（2）掌握应用动能定理解题的基本步骤，能熟练运用动能定理解决相关问题。

2. 过程与方法

（1）通过情境引入，激发学生学习物理的兴趣；通过实例分析，培养学生用物理知识解决生活实际问题的习惯。

（2）通过自主复习—实例探讨—归纳总结的教学过程，培养学生自主复习的能力，提升复习效率。

3. 情感态度与价值观

（1）培养学生与人交流及团队合作的精神。

（2）培养学生主动克服困难、解决问题的良好品质。

（3）培养学生将物理知识应用于生活和生产实践的意识。

【教学重难点】

理解动能定理表达式的含义，熟练应用动能定理解决相关问题。

【教学过程】

环节	教师活动	学生活动	设计意图
引入课题	播放有关子弹射击的视频。 提问：子弹为什么能对物体造成巨大破坏？什么是动能？	学生回顾动能的概念、定义、表达式、单位。	用震撼的场景带动学生的情绪，激发学生的兴趣，引入课题。
复习动能及动能定理的基础知识和规律	师生共同探讨错误选项。 对书上“练一练”1的完成情况进行点评，提问：动能为什么会发生变化？引入动能定理。 对学生给出的答案进行点评。	完成书上例1，展示结果。 学生思考讨论完成小结，给出结果。 完成书上“练一练”1。 学生自主复习回顾，完成基础知识填空。 学生通过小组讨论完成书上例2。 学生讨论完成小结，给出答案。	培养学生自主复习的习惯。 通过自主归纳小结及习题，加深理解。 通过自主学习—探究分析—归纳总结，培养学生良好的学习习惯，提升复习效率。

（续表）

环节	教师活动	学生活动	设计意图
复习巩固动能定理的解题基本步骤和应用	视频展示滑雪的场景，从滑雪特技中简化出物理模型例3，提出问题。 对学生的讨论结果进行评价。 提问：应用动能定理的基本解题步骤是怎样的？对学生的讨论结果进行点评。 提问：同学们能否用牛顿运动定律解决该问题？ 给出变式题例4。 提问：此题同学们能否用牛顿运动定律解答？ 点评学生的讨论结果。	学生分组讨论，依次完成问题，展示结果。 学生思考讨论后完成小结。 学生思考后作答：可以用牛顿运动定律解题，但是不够简便。 完成例4，展示结果。 学生讨论，得出结论：现阶段无法用牛顿运动定律求解。 学生讨论完成小结填空，展示结果。	通过视频来激发学生兴趣，又通过具体实例抽取简化模型，使学生在学习物理知识的同时，也体会到运用物理知识解决生活中相关问题的乐趣。 变式应用，提升学生对动能定理应用的理解。
高考真题提升训练	给出书上“练一练”2以及高考真题。请学生展示成果，教师进行点评。	完成书上“练一练”2以及高考真题，展示结果，讨论总结。	通过高考真题的训练，巩固所学，并让学生感受高考题，贴近高考。

（三）摩擦力专题创意复习课教学案例

通过对近几年高考题的观察，摩擦力是高考的必考考点。有单独考查摩擦力方向的，也有考查摩擦力大小、摩擦力突变的，更多的是对摩擦力与动能定理的综合考查。以生活中的实际问题为背景考查摩擦力是高考命题的一大趋势。

【教学目标】

1. 知识与技能

（1）知道摩擦力的产生条件。

（2）会判断摩擦力的有无及方向。

2. 过程与方法

（1）能够掌握对摩擦力定量的计算。

（2）会处理有关摩擦力突变的问题。

3. 情感态度与价值观

通过对摩擦力的进一步认识，体会科学探究与合作的重要性。

【教学重难点】

（1）重点：摩擦力的分析与计算。

（2）难点：摩擦力的突变。

【教学过程】

1. 提出问题

（1）静摩擦力一定是静止物体受到的摩擦力吗？只有运动的物体才会受到滑动摩擦力吗？

（2）滑动摩擦力一定阻碍物体运动吗？静摩擦力一定阻碍物体运动吗？举两个例子。

（3）如何判断一个物体是否受到接触面的摩擦力？有什么方法可循吗？总结一下。

（4）摩擦力的方向一定与物体的运动方向相反吗？

（5）这两种摩擦力可以做负功吗？这两种摩擦力可以不做功吗？这两种摩擦力可以做正功吗？

（6）摩擦力的大小一定变化吗？

（7）请补充完整下列表格。

摩擦力	静摩擦力	滑动摩擦力
定义		当一个物体在另一个物体表面滑动的时候，会受到另一个物体阻碍它滑动的力。
产生的条件	接触面粗糙、有弹力，两物体间有相对运动趋势。	
大小		$f=\mu F_N$
方向		与物体间相对运动的方向相反。
共同点		

2. 问题探究

问题一：静摩擦力方向的判断。

（1）问题情境。

在粗糙的水平面上放一物体 A，A 上再放一质量为 m 的物体 B，A、B 间的动摩擦因数为 μ，对 A 施加一水平力 F（如图）。分析下列情况下 A 对 B 有没有摩擦力，有摩擦力的求出摩擦力的大小并判断其方向。

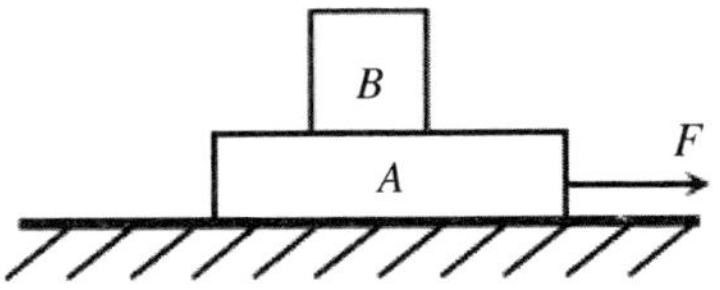

①当 A、B 一起做匀速运动时。

②当 A、B 一起以相同加速度 a 向右做匀加速运动时。

③当 A、B 一起向右加速运动过程中，发生相对滑动时。

（2）拓展练习。

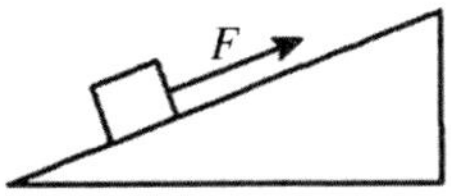

如图，在固定斜面上的一物块受到一外力 F 的作用，F 平行于斜面向上。若要物块在斜面上保持静止，F 的取值应有一定范围，已知其最大值和最小值分别为 F_1 和 F_2（$F_2>0$），由此可求出（　　）

A. 物块的质量　　B. 斜面的倾角

C. 物块与斜面间的最大静摩擦力　　D. 物块对斜面的正压力

问题二：摩擦力大小的计算。

（1）问题情境。

如下图所示，质量为 $m_B=24$ kg 的木板 B 放在水平地面上，质量为 $m_A=22$ kg的木箱 A 放在木板 B 上。一根轻绳一端拴在木箱左边的拉力传感器上，另一端拴在天花板上，轻绳与水平方向的夹角为 $\theta=37°$，已知木箱 A 与木板 B 之间的动摩擦因数 $\mu_1=0.5$。

A. 现用水平方向大小为 20 N 的力 F 拉木板 B，拉力传感器上的示数为 10 N，木板没有动，地面对木板的摩擦力为多大？

B. 现用水平方向大小为 200 N 的力 F 将木板 B 从木箱 A 下面匀速抽出，求木板 B 与地面之间的动摩擦因数 μ_2 的大小。（$\sin 37°\approx 0.6$，$\cos 37°\approx 0.8$，重力加速度 g 取 10 m/s^2）

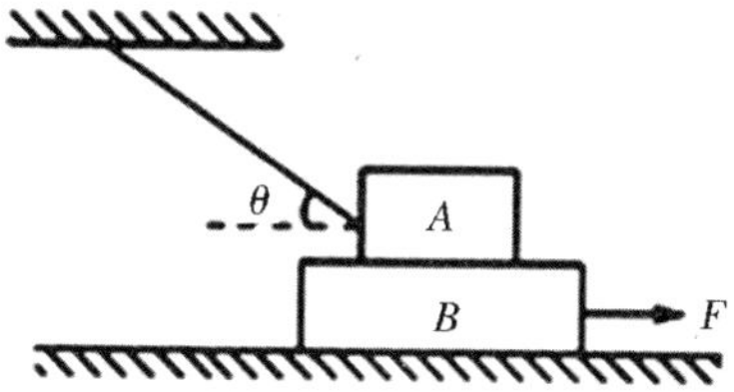

（2）深入思考。

如果让一根轻绳一端拴在木箱上，另一端拴在地板上，这样怎么求？

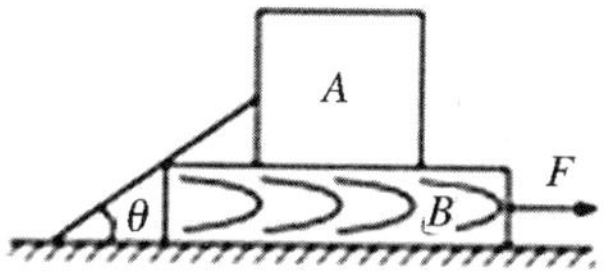

（3）拓展练习。

拖把是由拖杆和拖把头构成的擦地工具（如图）。设拖把头的质量为 m，拖杆质量可以忽略；拖把头与地板之间的动摩擦因数为常数 μ，重力加速度为 g，某同学用该拖把在水平地板上拖地时，沿拖杆方向推拖把，拖杆与竖直方向的夹角为 θ。

A. 若拖把头在地板上匀速移动，求推拖把的力的大小。

B. 设能使该拖把在地板上从静止刚好开始运动的水平推力与此时地板对拖把的正压力的比值为 λ。已知存在一临界角 α，若 $\theta \leq \alpha$，则不管沿拖杆方向的推力多大，都不可能使拖把从静止开始运动。求这一临界角的正切 $\tan\alpha$。

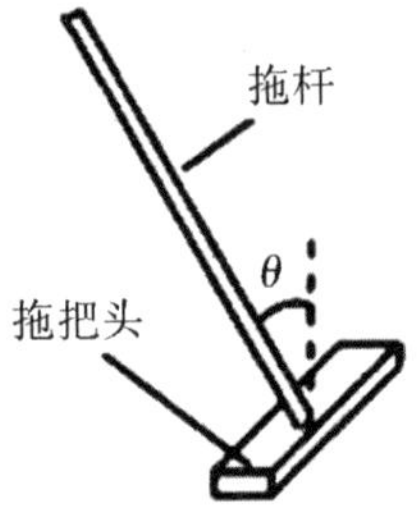

问题三：摩擦力的突变问题。

（1）问题情境。

如下图，在光滑水平面上有一质量为 m_1 的足够长的木板，其上叠放一质量为 m_2 的木块。假定木块和木板之间的最大静摩擦力和滑动摩擦力相等，现给木块施加一随时间 t 增大的水平力 $F=kt$（k 是常数），木板和木块加速度的大小分别为 a_1 和 a_2。a_1 和 a_2 变化的图像正确的是（　　）

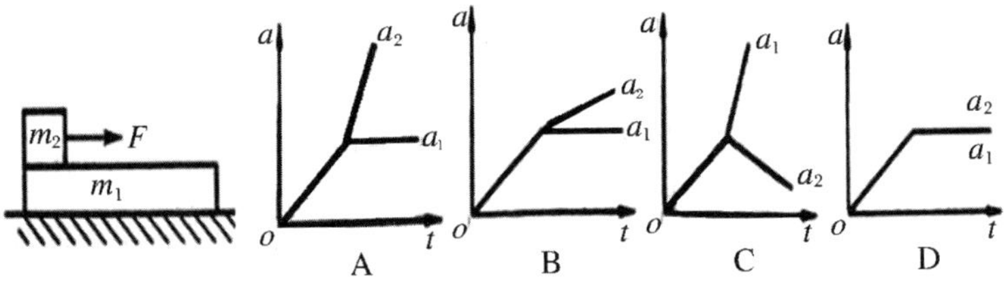

（2）探究小结。

摩擦力大小的突变问题。

（3）拓展练习。

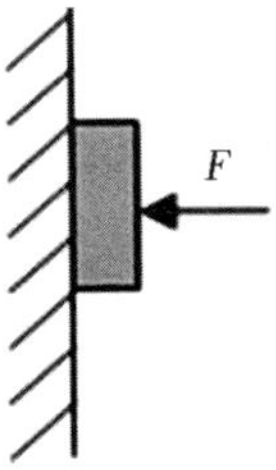

如右图所示，把重力为 G 的物体，用一水平推力 $F=kt$（k 为常数）压在足够高的平整的竖直墙上，则从 $t=0$ 开始，物体受到的摩擦力 f 随时间变化的图像是（　　）

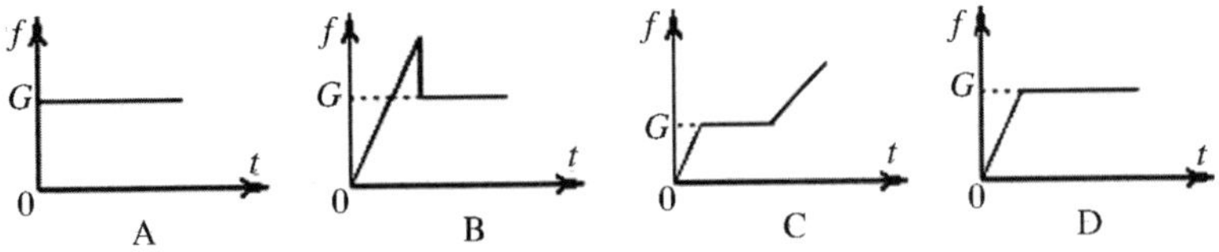

3. 课堂小结

学生总结课堂知识要点。

问题一，静摩擦力方向的判断：假设法、状态法、牛顿第三定律。

问题二，摩擦力大小的计算：静摩擦力、滑动摩擦力。

问题三，摩擦力的突变问题："静—静"突变，"静—动"突变，"动—动"突变。

4. 应用提升

（1）在水平桌面上放置一斜面体 P，两长方体物块 a 和 b 叠放在 P 的斜面上，整个系统处于静止状态。若将 a 和 b、b 与 P、P 与桌面之间摩擦力的大小分别用 f_1、f_2 和 f_3 表示，则（　　）

A. $f_1=0$，$f_2\neq0$，$f_3\neq0$　　B. $f_1\neq0$，$f_2=0$，$f_3=0$

C. $f_1\neq0$，$f_2\neq0$，$f_3=0$　　D. $f_1\neq0$，$f_2\neq0$，$f_3\neq0$

（2）如图所示为一滑草场。某条滑道由上、下两段高均为 h，与水平面倾角分别为 45°和 37°的滑道组成，滑草车与草地之间的动摩擦因数为 μ。质量为 m 的载人滑草车从坡顶由静止开始自由下滑，经过上、下两段滑道后，最后恰好静止于滑道的底端。（不计滑草车在两段滑道交接处的能量损失，sin37°≈0.6，cos37°≈0.8）则（　　）

A. 动摩擦因数 $\mu=\dfrac{6}{7}$

B. 载人滑草车最大速度为 $\sqrt{\dfrac{2gh}{7}}$

C. 载人滑草车克服摩擦力做功为 mgh

D. 载人滑草车在下段滑道上的加速度为 $\dfrac{3}{5}g$

（3）如图所示，质量为 1 kg 的物体与水平地面间的动摩擦因数为

0.2，在水平恒力 F 作用下，物体以 8 m/s 的速度做匀速直线运动。（g = 10 m/s^2）现保持力 F 大小不变，方向突然变为竖直向上，则关于物体以后的运动，以下说法正确的是（　　）

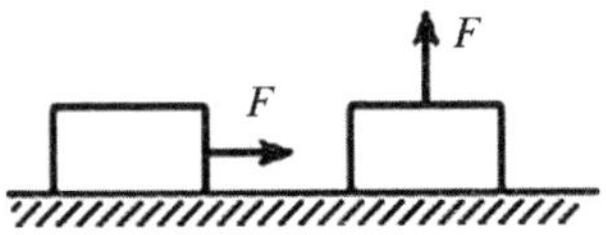

A. 物体所受滑动摩擦力大小变为 1.6 N，经过 6 s 通过的位移为 19.2 m

B. 物体所受滑动摩擦力大小变为 1.6 N，经过 6 s 通过的位移为 20 m

C. 物体所受滑动摩擦力大小变为 2.4 N，经过 6 s 通过的位移为 20 m

D. 物体所受滑动摩擦力大小变为 1.2 N，经过 6 s 通过的位移为 20 m

（4）如右图，滑块 A 置于水平地面上，滑块 B 在一水平力作用下紧靠滑块 A（A、B 接触面竖直），此时 A 恰好不滑动，B 刚好不下滑。已知 A 与 B 间的动摩擦因数为 μ_1，A 与地面间的动摩擦因数为 μ_2，最大静摩擦力等于滑动摩擦力。A 与 B 的质量之比为（　　）

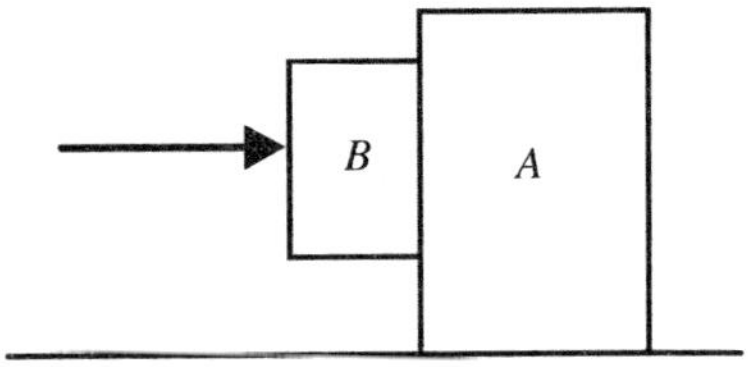

A. $\frac{1}{\mu_1\mu_2}$　　B. $\frac{1-\mu_1\mu_2}{\mu_1\mu_2}$　　C. $\frac{1+\mu_1\mu_2}{\mu_1\mu_2}$　　D. $\frac{2+\mu_1\mu_2}{\mu_1\mu_2}$

（5）长直木板的上表面的一端放有一个铁块，木板由水平位置缓慢地向上转动（即木板与地面的夹角 α 变大），另一端不动，如图所示，则铁块受到的摩擦力 f 随 α 的变化关系图像是下图中的（　　）

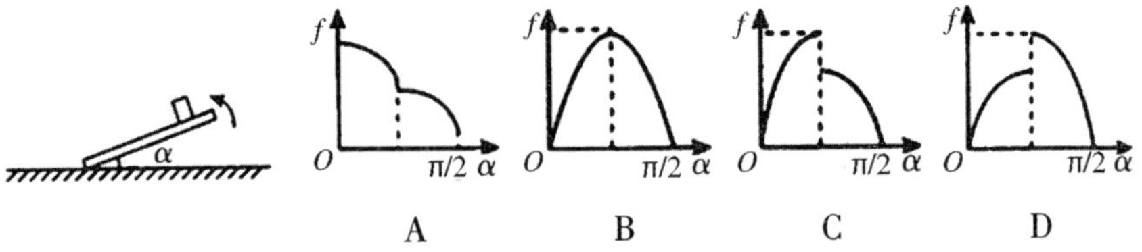

第四节　创意习题课："举三反一"

在物理习题课教学中，很多学生总会有这样的困惑："老师，您上课一讲我就会，但自己独自解题时就又不会做，不知如何下手。"解题恰恰是掌握知识程度的体现，所以这个问题值得物理教师和学生仔细研究。在物理教学中，解题是一个重要环节，它是学生运用所学知识解决实际问题的初步实践，对于学生深入理解基本内容，培养学生分析问题和解决问题的能力具有不可替代的作用。教师应该认真分析一下上面学生提出的困惑。为什么学生上课听得懂，而自己独自解题时又不会做？作为学理科的教师，我有这样的切身感受：如读某一篇文学作品，文章中对自然景色的描写，对人物心理活动的描写，都写得令人叫绝，而自己也知道是如此，但若让自己提笔来写，就写不出这样的语言来。听别人说话，看别人文章，听懂看懂没有问题，但要自己写出来变成自己的东西就不那么容易了。因此，要由听懂变成会做，就要在听懂的基础上分析思考，归纳总结，讲究策略，形成技巧，方能掌握其中的奥妙和规律，真正变成自己的东西。为了更好地帮助学生掌握运用物理知识解决问题的方法、技巧，纠正学生在物理解题过程中普遍存在的错误，在物理习题的教学过程中我采用创意习题课"举三反一"这种课型。在教学时，为了提高学生对某一题型的解题能力，我先通过对一系列相关题型的解题探究，引导学生逐一分析这些题型的解题方法，进而归纳出这些题型的解题技巧和规律，学生的解题能力就会在"举三反一"的探究中自然形成。

一、物理创意习题课存在的问题

目前，高中物理习题教学中存在一些背离了正常的价值取向的问题，严重地影响了教师的教和学生的学，使教学无法达到预期的效果，出现学生厌学、教师厌教的现象，造成习题课教学低效或无效。具体表现在以下方面。

（一）学生学习过程中存在的问题

1. 目标不明，思维混乱

学生不明白为什么要解物理题，解每道题的目的是什么，通过解题需要达到什么效果，所以他们会不重视解题的过程，不下功夫去弄懂解题的依据是什么，而是想着快点解出答案来。有些学生一拿到习题，不是按解题程序去分析所要解决的问题，而是东尝试一下，西尝试一下，有时尝试完所有的方式都没有找到答案，就干脆放弃了；有时即使找到了正确的解法，也只是碰巧而已，并不理解解题的目的。

2. 做多想少

具体表现在学生虽按规范的解题步骤解了大量的物理题，但只懂得仿照教师讲过的、参考书或课本上学过的例题来解答习题，碰到自己不熟悉的题目时就无从下手，于是就试图通过做大量的题目以提高自己的成绩，结果却适得其反。

3. 粗做多，精做少

这类现象是有些学生也做了大量的题目，但囫囵吞枣，不注意分析物理过程，不规范写出解题过程，结果是自己看得懂别人看不懂。有些学生在解题时胡乱地罗列一大堆公式，不管这些公式可不可以用到这道题上，既无物理情境分析，也无必要的文字说明，过程之间的联系不做任何交代，只是粗放式地解题；有些学生在解题过程中虽做了文字说明，但表达能力不够，出现要么表达不到位，要么啰唆的现象。

4. 把物理问题数学化

有些学生在遇到题目时，首先想到的是套公式，在一大堆公式中碰来碰去：如果碰到一个合适的公式，解题就能顺利地进行下去；如果套不到合适的公式，解题过程就只能被迫停下来。这种套公式的解题方法是永远也无法学好物理的。另外，有些学生没有养成画图分析的习惯，解题全是数学公式，把物理问题数学化，效果可想而知。

5. 缺乏审题能力

有些学生在解题时，看到题目就慌乱无措，不知该如何下手，找不到哪些地方是关键的，已知条件是什么，隐藏了哪些条件，也不懂得还原物理模型，造成解题困难，缺乏审题能力。

6. 不注意题后的反馈，不喜欢动手运算

有些学生解题只是为了应付教师的作业任务，作业批完发下来后，看都不看一眼就把它丢到一边；有的即使看了，也只是看一下有无错误，若无错则万事大吉，若有错也只是粗略地看一下，至于为什么错、错在哪里也不去深究，因而以后遇到了相似的题目还是会错，解题的目的根本无法达到。还有些学生平时作业时不喜欢动手运算，即便是很简单的运算也要借助计算器，到考试时遇到稍难一点的计算就感到烦，从而错误百出，丢掉了许多不应该丢的分数。

（二）教师教学过程中存在的问题

1. “题海”战术

目前，有相当一部分物理教师在教学中普遍存在着抢时间、争“地盘”的做法，采用“题海”战术，对布置的作业不加选择，将各种试卷、复习资料都发给学生，把学生变成刷题机器，不少题目学生要重复练习多次，一些偏题、怪题、超纲题更是让学生伤透脑筋。机械模仿、简单重复代替了创造性劳动，其结果是耗时低效，挫伤了学生的学习积极性。

2. 忽视学生的认识规律，想要在教学要求上一步到位

有些教师在教学中放弃了基础题的训练，直奔高难度的习题，追求“一步到位”，这种忽视“双基”训练、拔苗助长的做法，造成的结果是学生对知识的理解只能“生吞活剥”，解题时只能“依葫芦画瓢”。而对于学生在学习上反映出来的问题，教师则寄望于教学过程的几次循环，但由于在教学中违背了学生的认识规律，欲速则不达，教学效果往

往是很不理想的。

3. 片面追求课堂教学中的高难度和高密度

有些教师在教学中试图通过大量例题来代替学生对物理基本概念和基本规律的理解，而忽视了自己教育的对象——学生的能力和基础。这种脱离学生实际、盲目追求高难度和高密度的做法，势必形成“满堂灌”的教学方式；或者只把注意力集中在成绩中、上等的学生身上的做法，将会造成两极分化。

二、物理习题课创意教学的定位

（一）习题课的作用

习题是教材结构体系的重要组成部分，是使学生系统、牢固地掌握基础知识和基本技能，进而发展智力、培养思维能力不可缺少的载体。教师可以通过创意设计，实现以题串知识、以题拓思维、以题练能力、以题提素养、以题带方法的目标。

（二）习题课的内涵

习题课是教师根据教材的内容和学生知识的掌握情况，在课上进行的以总结、练习和讲解为主的一种课型。其中：讲解是指引学生突破知识难点的有力手段；总结是使知识系统化的重要措施；练习是引导学生检查和运用知识的主要环节，它可使学生完成从理论知识到实践的飞跃。高效的习题教学在提高学生思维能力，帮助教师了解教学效果方面有着重要的作用。通过习题教学，学生可以进一步活化、深化基本技能和基础知识，达到牢固地掌握概念，深刻地把握物理规律的目的；教师可以更好地分析学情，查漏补缺，适时调整教学方法、内容和进程。另外，习题课还可对学生未能灵活运用的知识和解题能力进行补充和提高。

三、物理创意习题课教学的选题与课型

（一）选题

创意教学备课首要的是“备学生”。备学生包含分析学生的接受能力、理解能力、意志品质、兴趣点、思维方式、“最近发展区”以及思维的深度和广度等。教师要深入了解学生对知识的掌握情况，搞清学生学习的困惑点，针对学情设计习题课。选择习题时，教师要结合学生的实际情况和认知规律设计、选择、编制习题，以利于提高学生学习物理的积极性、主动性为方向。习题的选择不能贪多，选择的习题应典型，要注意知识点的覆盖面，又能通过训练让学生掌握规律，起到“以一当十”的效果。习题课与新授课不同，习题课以训练为课堂的主要组成部分。要达成高效的训练目标，教师应在学生的“最近发展区”内选择习题，即应具有很强的可行性和基础性。过于简单的习题会影响学生思维的质量，思维活动不能得到充分的发展，缺乏一定的激励作用；难度太大的习题容易打击学生学习的积极性，学生难以获得成功的喜悦，长此下去，会使学生丧失学习的自信心。所以，习题的选取应把好“度”，要注重基础知识的巩固和基本技能的训练，牢抓重点，突破难点。课后习题是经过专家筛选后的精品，教师在习题课的题目编排中，应优先考虑课本中的例题和习题，可对其进行适当的演变和拓展。教师还可编制可以一题多解、一题多用、一题多变的习题，以提高学生灵活应用知识的能力。习题要源于教材，又不局限于教材。教师可选择开放性的试题，锻炼学生的创新能力和发散思维能力，引导学生多角度、全方位、深层次地思考问题。另外，教师还要注重应用性习题的选择，来训练学生应用物理思想方法、物理知识解决简单的生活问题，让学生知道物理源于生活，又服务于生活，注重探究性习题的选择，培养学生观察、评价、分析、归纳等能力。

（二）课型

1. 巩固型习题课

在学习新概念、新规律时，为巩固新知识的内涵、条件、范围及基本运用方法而设立的习题课。

2. 掌握型习题课

在学习新概念、新规律时，为掌握某种科学思想方法而设立的习题课。

3. 问题型习题课

以培养和提高分析问题和解决问题的能力为目标而设立的习题课。

4. 综合型习题课

以沟通所学各部分知识间的内在联系，提高灵活运用知识的能力为目标而设立的习题课。

5. 实验型习题课

以培养学生通过实验来探究物理规律、发现物理问题等能力为目标而设立的习题课。

6. 讲评型习题课

针对学习过程中学生对知识理解的错误及运用知识解决问题时普遍存在的问题，以收集、分析、整理、展示学生作业和考试中的常见错误，点拨纠错为目标而设立的习题课。

四、物理创意习题课教学策略

物理习题课的创意教学策略要侧重于培养学生的发散思维、批判思维、聚合思维，以达到活化知识、对比总结、联想迁移的目的。精选的例题（体现基础知识应用、基本方法训练、基本技能提高）应具有针对性（认识误区、解题失误）、典型性（做一题、会一法、想一串，能归纳事物本质或解法规律）、灵活性（活化知识，提高能力，能体现一题多解、一题多变）、综合性（一条主线串起多个知识点）、启发性

（一题多改、一题多联、一题多问、一题多解）、开放性（答案不定性、多题归一）。课堂采取自主探索、交流讨论、启发点拨的方式，使学生理解问题的实质，可让学生在课堂上进行编题、改题，如该题还能怎样变化，改变题设条件或结论进行分析研究。课外可设置变式习题，如同质异形题、同形异质题、逆向思维题进行思维训练及等效实验设计。以下是物理创意习题课的具体实施策略。

（一）重视预设，以学论教

上课前，教师把习题认真做一遍，一方面，对知识点的要求及重难点做到心中有数；另一方面，对所选的习题进行归类，因为同类习题一同分析能让学生对知识结构有系统的认识。教师要依据不同教学内容，采用不同教学方法，讲解时做到详略得当，以启发学生的积极思维。

（二）关注生成，先思后导

1. 温故知新，发现盲点

习题教学中涉及的重要知识，要不失时机地主动回顾，根据学生的掌握程度进行强化，让习题教学达到巩固知识的目的。

2. 返璞归真，先思后导

学生是学习的主体，要把课堂还给学生。展示习题后，教师要留给学生时间思考，让学生自己分析问题，得出结论。有时也可以让学生来教学生，打破常规，敢于创新，让学生在勤思多变中提高思维的创新性和灵活性，让习题课起到培养学生创新意识的作用。

3. 循循善诱，精心设问

教师要精心设计问题情境，使学生产生认知冲突，处于一种“心求通而未得”“口欲言而未能”的不平衡状态，进而促使学生主动参与探索知识的过程。教师要善于把题目分解为环环紧扣的问题，依次提出，逐步分析，鼓励学生发表看法，讲常规解法，也谈解题技巧，让习题课起到激发学生学习兴趣的目的。

4. 启迪思维，引导分析

教师在引导学生分析时，要让他们了解如何利用条件，如何剖析结论，如何沟通条件和结论，体会思维深入的过程，感悟问题探索的方法，能从分析的过程中学会怎么解题，让习题课成为提升学生分析问题和解决问题的能力的主战场。

5. 分析错因，及时指正

在教学中，教师应了解学生在方法运用、知识理解等方面的不足，并给予及时的纠正，指出错在哪里，引导学生分析产生错误的原因，避免学生再犯同类错误。学生在习题中常出现的错误有概念不清、审题大意、思维片面、语言表达不规范等。

6. 思路整理，触类旁通

在习题课教学中，教师要先让学生进行思路探索，然后以教师引导和同伴互助为基础，让学生学会应用批判性的思维选择解题方法，用合理简洁的思路完成解题过程。尤其是教师对重要的思想方法的教学会分散在多次课中，这就需要学生做个有心人，做好“回头看”的工作，把相关问题的解决思路归纳整理，形成体系，整体把握，这样下次遇到这类题目就能够触类旁通。

7. 规范引导，学会表达

虽然有时学生应对习题有方法和思路，但是并不代表能合理规范地表达，也就是我们平常说的“懂不一定会，会不一定全，全不一定美”。习题教学中，教师把规范、严谨的解题步骤展现在学生眼前，可以让学生受到熏陶，从中领悟解题过程的规范、推理的严谨，让习题课起到培养学生严谨的学习态度的目的。

（三）心理引导，主动参与

新课程标准提出的三维目标强调了情感、态度与价值观的培养。在解题过程中，学生可能会遇到重重困难或者出现多种错误，有可能会产生不良情绪，也可能对物理学习失去兴趣，甚至可能产生厌学等心理。教师应在习题课上采取相应的对策，有针对性地对学生进行情感和心理的教育。

（四）重现情境，建立模型

解答物理习题的过程是学生在具体实际情境中灵活应用物理知识和方法的过程，这需要学生在具体问题中创造性地应用知识。因此，问题的情境和过程特征便成为应用知识的舞台。所以分析习题所给出的物理情境，从中抽象出相应的物理模型，分析物理过程的特点，是解答物理习题的必经之路。教师要指导学生根据文字复现出相应的物理情境，从情境中抽象出相应的物理过程模型，从过程模型中分析出物理过程的特征，根据过程特点确定解决问题所用的规律，对解出的数学解要进行物理判断。只有这样，才能提高学生的思维水平和应变能力，习题课的教学才能算达标。

（五）归纳总结，触类旁通

善于总结才能提高。因此，在习题课教学中还要进行解题结果分析，扩大解题收获。一个问题的解决并不是问题研究的结束，而是探究新问题的起点。学生通过对解题思路的分析，可以进一步揭示物理现象的本质，加深对知识的理解，提高发现问题、提出问题和解决问题的能力。让学生说解题后的心得体会，目的在于让学生回顾、反思、评价自己的思维过程、思维方式与解题方法，明辨是非得失，扬长避短，总结归纳出最佳解题方法，如整体法、等效法、比例法、平衡法、分析法、综合法等。同时，这样的做法也有助于学生举一反三、触类旁通，让学生享受成功的乐趣，从而更加体现物理学的灵气和美感。

（六）由易到难，逐层递进

在教学过程中，很多教师都想尽可能地让学生做更多的习题，自己讲更多的习题，但是显然学生并不像教师想的那样能接受那么多，特别是一些基础比较差的学生，教师讲中等难度的题目时他们都有可能听不懂，这种情况下教师讲再多也是无用功。因此，在讲解例题和习题时，教师应该从知识的基本应用题开始。许多教师以为基础类题不重要，可以忽略而直接讲解难度更高的例题，但这样的做法对学生掌握解题技巧是事倍功半的。基本应用题是通往更高阶梯的台阶，因此，习题教学一定要由易到难，逐层递进。

五、物理创意习题课教学示例

为了形象、简捷地处理物理问题，人们经常把复杂的实际情况转化成容易接受的简单的物理情境，从而形成一定的经验性的规律，即物理模型。物理模型可以分为直接模型和间接模型两大类：如果物理情境的描述能够直接在大脑中形成时空图像，就称为直接模型，如经典练习的传统研究对象，像质点、木块、小球等；如果物理情境的描述在阅读后不能够直接在大脑中形成时空图像，而是要通过思维加工才能形成时空图像，就称为间接模型。显然，由于间接模型的思维加工程度比较深，从而比直接模型要复杂和困难。物理考题都有确立的研究对象，称为“物理模型”，确立研究对象的过程就叫“建模”。模型化阶段是物理问题解决过程中最重要的一步，模型化正确与否或合理与否，直接关系到物理问题解决的质量。培养模型化能力，是在问题解决过程中依据物理情境的描述，正确选择研究对象，抽象出研究对象的物理结构和过程模式。有些物理题看起来复杂、隐蔽，往往给人一种模糊不定、无从下手的感觉，这就要求我们对题中的物理关系有深刻的洞察力，善于把题目中描述的物理情境转化成我们熟悉的物理模型，使题目中的有关信息与自己头脑中已有的知识信息发生相互作用，从而抓住主要矛盾，顺利完成解题的导向过程。下面我们来看一些用物理模型巧解力学综合计算题的示例。

（一）力学过程基本模型建构

将实际物理过程进行处理，忽视次要因素，考虑主要因素；忽略个性，考虑共性，使之成为典型过程，即过程模型。

1. 滑板模型（如图1）

图1

（1）模型特点：地面光滑，滑块与平板间摩擦系数为μ。

（2）受力分析：滑块 $F=-\mu mg$，平板 $F=\mu mg$。

运动分析：滑块先匀减速后匀速，平板先匀加速后匀速。

（3）遵守规律：系统动量守恒，机械能有损失且转化为内能。

$$mv_0=(m+M)v,\ Q=\mu mgs_{相对}=\frac{1}{2}mv_0^{\ 2}-\frac{1}{2}(m+M)v^2$$

（4）临界条件：平板车长度 $L\geqslant s_{相对}$。

（5）拓展类型：（已知质量 m、M，动摩擦系数 μ，初速度 v_0，地面光滑）

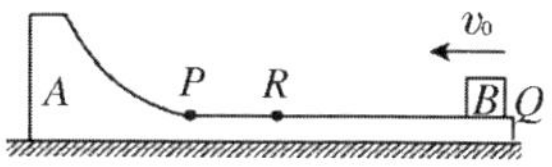

图2

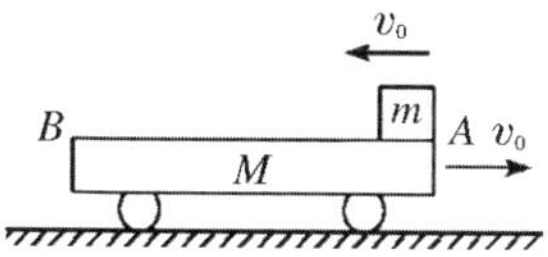

图3

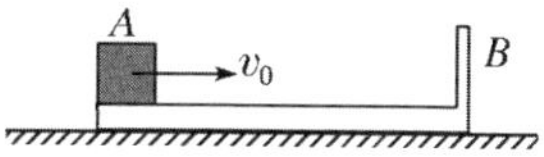

图4

①如图2，若木板 A 长为 L，只有 PR 粗糙，其他光滑，圆弧半径为 R，求 L 满足什么条件 B 不滑离 A。

②如图3，若 $M>m$，最后 A 恰好不滑离 B 车时，求物块 A 和平板车 B 对地位移分别为多少。

③如图4，若最后 A 恰好滑到 B 的左端，A 与挡板碰撞时无机械能损失，求 B 车的长度。

2. 平抛模型（如图5）

（1）模型特点：匀变速曲线运动。

（2）受力分析：只受重力。

运动分析：水平方向匀速直线运动，竖直方向自由落体运动。

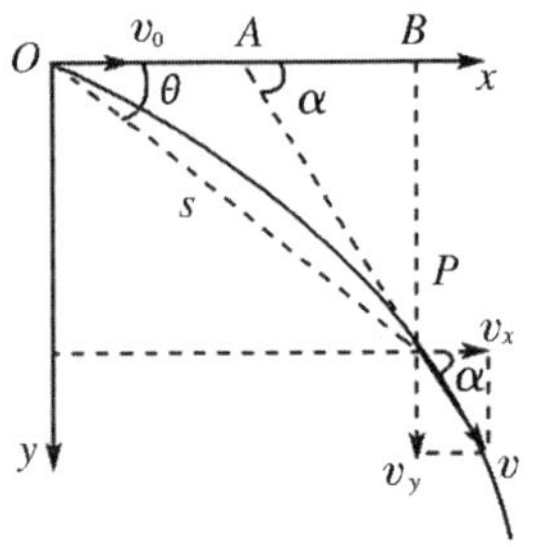

图 5

（3）遵守规律：$v_x = v_0$，$x = v_0 t$，

$$\tan\alpha = \frac{v_y}{v_x} = 2\tan\theta$$

$$v_y = gt，\ y = \frac{1}{2}gt^2$$

（4）临界条件：物体的偏转射出等效从 x 轴中点直线射出。

（5）拓展类型：掌握平抛运动与斜面组合、圆轨道组合，类平抛运动题型特点。

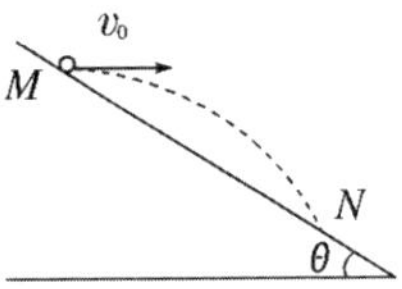

图 6

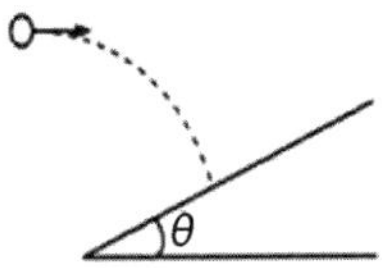

图 7

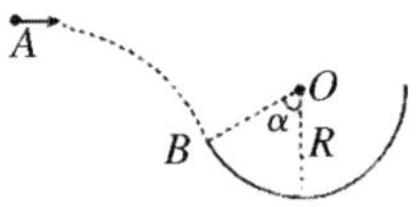

图 8

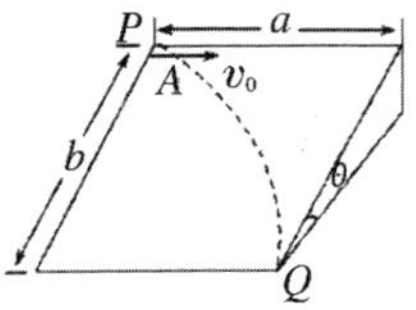

图 9

①如图 6，求小球在空中运动的时间，小球离开斜面的最大距离。

②如图 7，若小球垂直落在斜面上，求小球运动的水平位移与竖直位移之比。

③如图 8，若小球恰好沿 B 点的切线方向进入圆轨道，求 AB 间的水平位移。

④如图 9，若斜面光滑，求小球运动的加速度以及小球运动到 Q 的时间。

3. 圆周模型（如图 10）

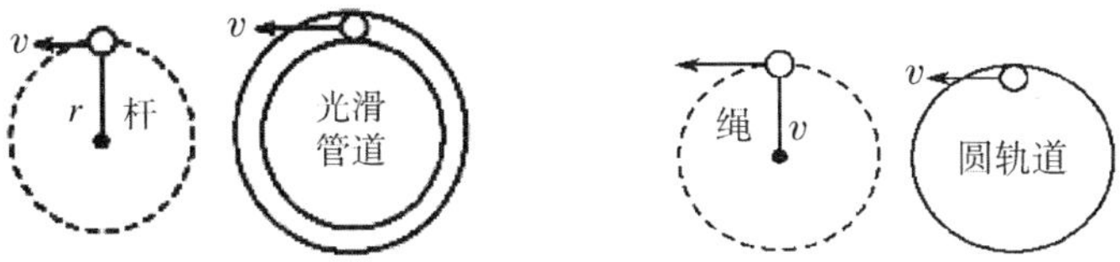

均是有支撑的小球　　　　没有支撑的小球

图 10

（1）模型特点：圆周运动。

（2）受力分析：注意受合外力。

运动分析：注意匀速、变速。

（3）遵守规律：$F_{向} = m\dfrac{v^2}{r}$。

（4）临界条件：（过最高点不脱离圆轨道）

①有支撑：$v \geqslant 0$；②没有支撑：$v \geqslant \sqrt{rg}$。

（5）拓展类型：

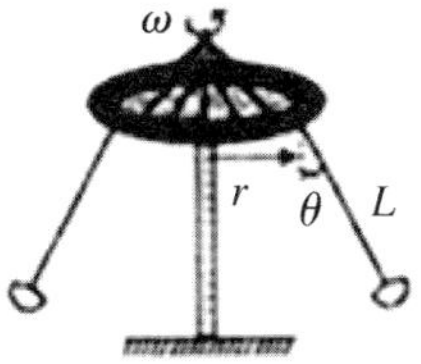

图 11

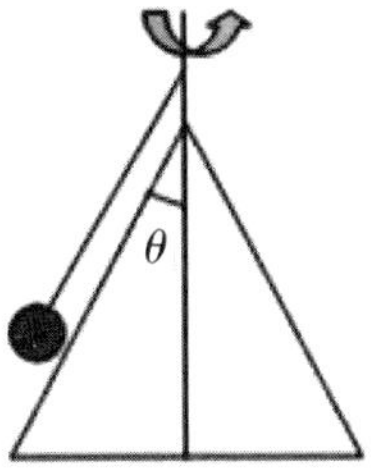

图 12

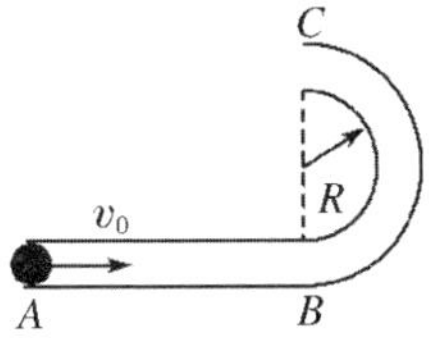

图 13

①如图 11，若物体做匀速圆周运动，已知 m、L、r、θ，求物体运动的 ω 以及绳子所受到的拉力 F。

②如图 12，已知 m、L、$\theta = 37°$，求当 ω 多大时，小球对斜面的压力为零。

③如图 13，已知光滑小球的质量为 m，以 v_0 射入，若小球能从 C 端射出。求 v_0 需要满足什么条件，小球在 C 点对管壁的压力有哪几种典型的情况。

4. 传送带模型（如图14）

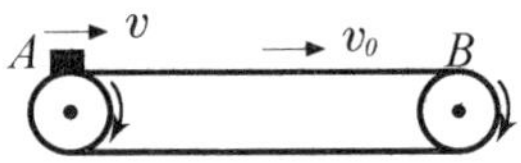

图14

（1）模型特点：物体与传送带相对运动或相对静止。

（2）受力分析：注意滑动摩擦力、静摩擦力的大小和方向。

运动分析：注意相对位移和相对路程。

（3）遵守规律：

①传送带顺时针旋转，$v>v_0$，物体匀减速；$v=v_0$，物体匀速；$v<v_0$，物体匀加速。

②传送带逆时针旋转，物体先匀减速到零后匀加速至v_0。

（4）临界条件：速度$v=v_0$时，物体与传送带相对静止。

（5）拓展类型：

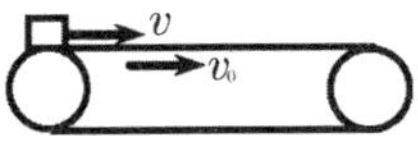

图15

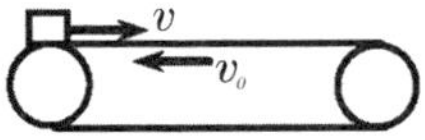

图16

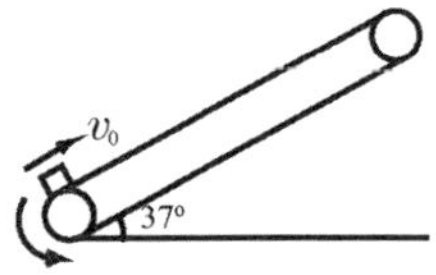

图17

①如图15,水平传送带长为$L=10$ m,以$v_0=4$ m/s的速度顺时针匀速转动,将一质量为$m=1$ kg的小物体无初速度释放在传送带的左端,小物体与传送带间动摩擦因数$\mu=0.1$。求物体运动到传送带右端所用时间以及物体与传送带之间产生的热量。($g=10$ m/s^2)

②如图16，水平传送带长为$L=10$ m，以$v_0=4$ m/s的速度逆时针匀速转动，质量为$m=1$ kg的小物体以初速度$v=6$ m/s滑上传送带的左端，小物体与传送带间动摩擦因数$\mu=0.2$。求物体离开传送带时的速度大小和物体与传送带之间产生的热量。($g=10$ m/s^2)

③如图17，长$L=4$ m的传送带与水平成37°角。开始时传送带静止，一质量为$m=5$ kg的滑块以$v_0=8$ m/s的初速度从传送带底端沿传送带上滑。已知滑块与传送带间的动摩擦因数$\mu=0.5$，当滑块滑至传送带正中

间时，突然开动传送带，使之以 $v=2$ m/s 的速度沿逆时针方向转动。($g=10$ m/s^2，$\sin37°=0.6$，$\cos37°=0.8$）求滑块沿传送带能够上滑的最大距离，以及从滑块滑上传送带到离开的整个过程中，传送带对滑块所做的功。

5. 碰撞模型（如图 18）

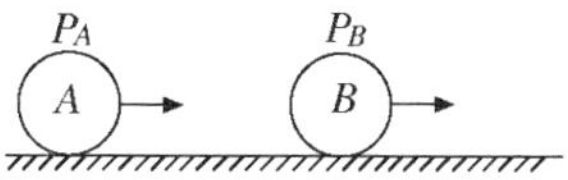

图 18

（1）模型特点：撞击。

（2）受力分析：冲力大、时间短、变化快。

运动分析：注意物体碰撞前后速度的大小和方向。

（3）遵守规律：

①弹性碰撞：动量守恒，动能守恒。

②非弹性碰撞：动量守恒，动能不守恒。

③完全非弹性碰撞：动量守恒，动能不守恒。

碰撞后两物体共速，动能损失最大。

（4）临界条件：理解相互碰撞中两物体相距恰好“最近”或恰好“最远”等一类临界问题，求解的关键都是“速度相等”这一条件。

（5）拓展类型：（地面光滑）

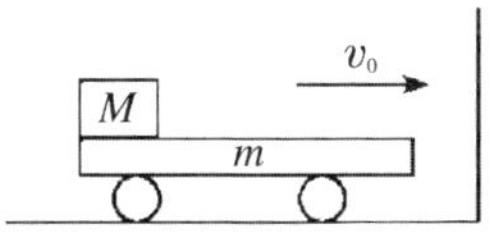

图 19

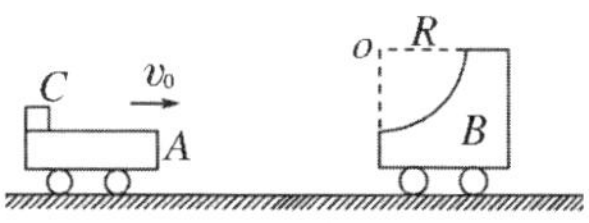

图 20

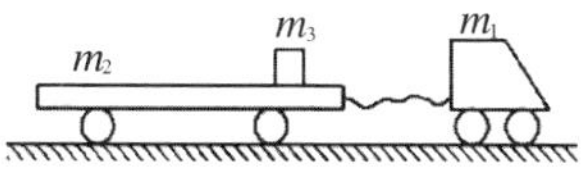

图 21

①如图 19，已知 M、m、μ、v_0，若系统以共同速度向墙壁撞去，碰撞时无能量损失。求发生第二次碰撞的条件；滑块始终不滑离平板车，平板车至少多长。

②如图 20，已知 A、B、C 质量均为 m，A 车上表面粗糙，其余光滑，圆弧半径 R，A 与 B 碰后粘合在一起。若 C 滑离 A 车，恰好能到达 B 的最高点。求系统产生的内能。

③如图21，开始 m_2、m_3 静止，绳子松弛，m_1 以初速度 v_0 运动，m_2 与 m_3 间的动摩擦因数为 μ，三物质量均为 m，若物体 m_3 不会滑下长板，求三物体最终的运动速度，物体在平板车上滑动的距离。

6. 弹簧模型（如图22）

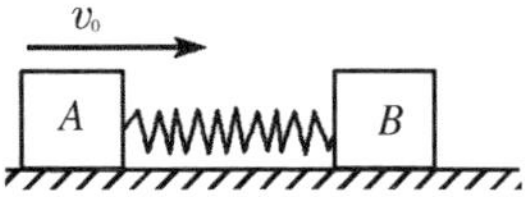

图22

（1）模型特点：理想弹簧，忽略弹簧质量。

（2）受力分析：弹力均匀变化。

运动分析：连接弹簧的两个物体做变加速或变减速运动。

（3）遵守规律：系统动量守恒、机械能守恒。

（4）临界条件：理解弹簧压缩到最短或伸长至最长时的条件是两物体的速度相等，弹性势能最大。

（5）拓展类型：

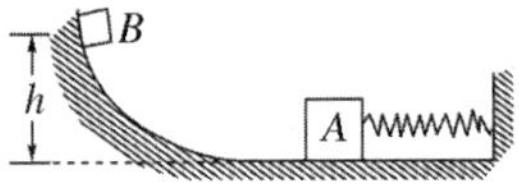

图23

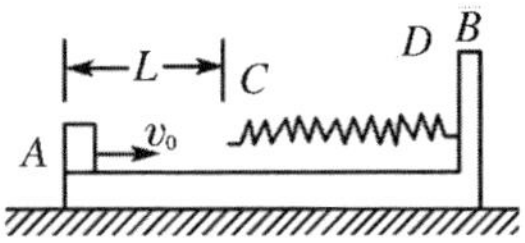

图24

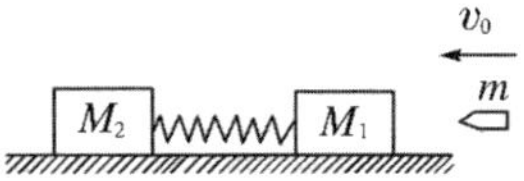

图25

①如图23，已知 A、B 质量都为 m，A 与弹簧连接，不计摩擦，则 B 与 A 相碰后一起压缩弹簧，求弹簧的最大弹性势能以及 B 沿曲面上升的最大高度。

②如图24，已知 A、B 质量均为 m，A 初速度 v_0，AC 长度为 L 且粗糙有 μ，其余光滑。求弹簧被压缩到最短时木块 A 的速度以及弹簧的最大弹性势能。

③如图25，已知三个物体的质量均为 m，子弹初速度为 v_0，打入木块，未射出。求弹簧被压缩到最短瞬间木块 M_2 的速度以及弹簧的最大弹性势能。

（二）巧解力学综合题步骤

在物理教学中，学生们常常反映物理难学，尤其是解题难。当然，难的原因很多，但其中很重要的一个原因就是这些学生对题目反映的物理过程不理解，不能把题目中的过程和物体简化成理想的物理模型。事实告诉我们，千变万化的物理习题都是根据一定的物理模型，结合某些物理关系，给出一定的条件，提出要求的物理量的，而我们解题的过程就是将题目中隐含的物理模型还原、求结果的过程。基本步骤为：（1）通过审题，摄取题目信息，如物理现象、物理事实、物理情境、物理状态、物理过程等；（2）弄清题目给出的信息因素，如诸因素中什么是主要因素；（3）寻找已有信息，如熟悉的知识、方法，模型的相似、相近或联系，通过类比联想或抽象概括、逻辑推理或原型启发，建立起新的物理模型，将新情境问题转化为常规问题；（4）选择相关的物理规律求解。

六、巧解力学综合题实例分析

例题 1：如下图所示，将以 A、B 和 C、D 为端点的两半圆形光滑轨道固定于竖直平面内，一滑板 M 静止在光滑水平地面上，左端紧靠 B 点，上表面所在平面与两半圆分别相切于 B、C。一物块 m 被轻放在水平匀速运动的传送带上 E 点，运动到 A 时刚好与传送带速度相同，然后经 A 沿半圆轨道滑下，再经 B 滑上滑板。滑板运动到 C 时被牢固粘连。物块可视为质点，质量为 m，滑板质量为 $2m$，两半圆半径均为 R，板长 $l=6.5R$，板右端到 C 的距离 L 在 $R<L<5R$ 范围内取值。E 距 A 为 $s=5R$，物块与传送带、物块与滑板间的动摩擦因素均为 $\mu=0.5$，重力加速度取 g。

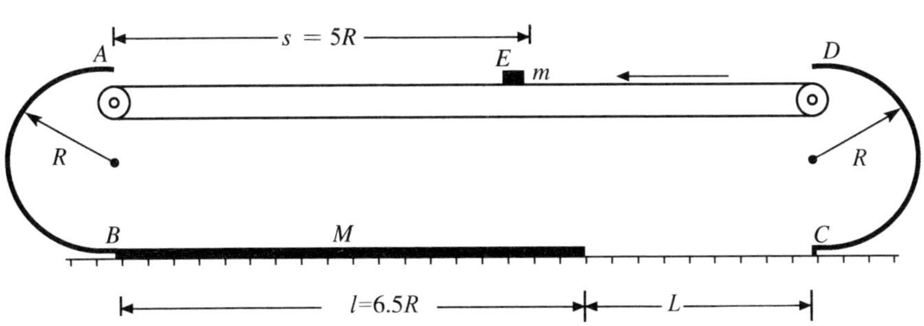

图 26

（1）求物块滑到 B 点的速度大小。

（2）试讨论物块从滑上滑板到离开滑板右端的过程中，克服摩擦力做的功 W_f 与 L 的关系，并判断物块能否滑到 CD 轨道的中点。

思路：组合拆分—模型对比—模型关联—临界讨论—规律应用。

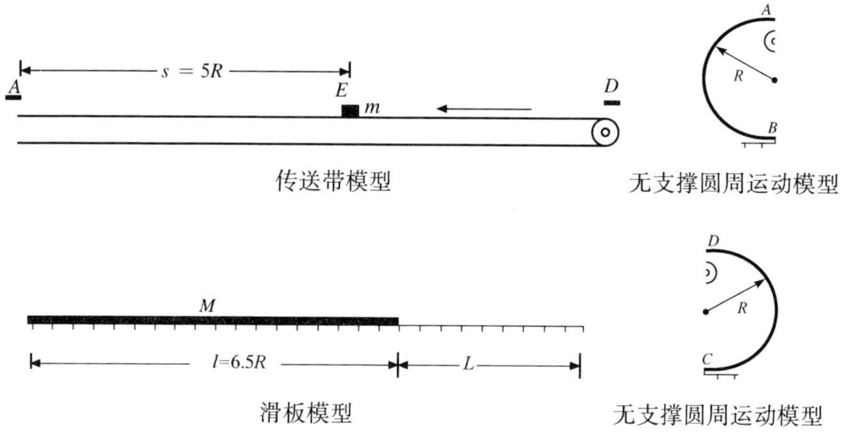

图 27

通过分析该力学综合题，可将其拆分为四个基本模型（如图 27），分别是传送带模型、无支撑圆周运动模型、滑板模型和无支撑圆周运动模型，再将拆分出的模型与已有模型进行快速的对比、校正，在近乎跳跃性的思维活动中，寻找关联和解题的突破口。本题物块 m 在传送带上从静止开始一直做匀加速直线运动，到达 A 点后以 v_A 滑入竖直平面内的光滑圆轨道做变速圆周运动滑到 B 点速度为 v_B，物块以 v_B 滑上滑板 M 后分两种情况讨论：一是物块先匀减速后做匀速直线运动，滑板先匀加速后做匀速直线运动；二是物块一直做匀减速运动，滑板一直做匀加速直线运动。物块能滑到 CD 中点的条件是：$\frac{1}{2}mv_c^2 \geqslant mgR$。

解答：根据动能定理有

（1）$\mu mgs + mg \cdot 2R = \frac{1}{2}mv_B{}^2 - 0$　①

所以 $v_B = 3\sqrt{Rg}$。

（2）设 M 滑动 x_1，m 滑动 x_2，二者达到共同速度 v，则

由动量守恒有：$mv_B=(M+m)v$　　②

对 M 用动能定理有：$\mu mgx_1=\frac{1}{2}\times 2mv^2$　　③

对 m 用动能定理有：$-\mu mgx_2=\frac{1}{2}mv^2-\frac{1}{2}mv_B{}^2$　　④

由②③④得 $v=\sqrt{Rg}$，$x_1=2R$，$x_2=8R$，

二者位移之差 $\Delta x=x_2-x_1=6R<6.5R$，即物块未掉下滑板。

讨论：①当 $R<L<2R$ 时，$W_f=\mu mg(l+L)=\frac{1}{2}mg(6.5R+L)$；

②当 $2R\leqslant L<5R$ 时，$W_f=\mu mgx_2+\mu mg(l-\Delta x)=4.25mgR<4.5mgR$（由 $\mu mgs+mg\cdot 2R$ 得），即滑块速度不为 0，能滑上右侧轨道。

要使物块滑到 CD 轨道中点，v_c 必须满足：$\frac{1}{2}mv_c{}^2\geqslant mgR$　　⑤

此时 L 应满足：$\mu mg(l+L)\leqslant\frac{1}{2}mv_B{}^2-\frac{1}{2}mv_c{}^2$　　⑥

则　$L\leqslant\frac{1}{2}R$，不符合题意，物块不能滑到 CD 轨道中点。

例题2：如图 28 所示为某种弹射装置的示意图，光滑的水平导轨 MN 右端 N 处与水平传送带理想连接，传送带长 $L=4.0$ m，皮带轮沿顺时针方向转动，带动皮带以速率 $v=3.0$ m/s 匀速运动。三个质量均为 $m=1.0$ kg的滑块 A、B、C 置于水平导轨上，开始时滑块 B、C 之间用细绳相连，其间有一压缩的轻质弹簧处于静止状态。滑块 A 以初速度 $v_0=2.0$ m/s沿 B、C 连线方向向 B 运动，A 与 B 碰撞后粘合在一起，碰撞时间极短，可认为 A 与 B 碰撞过程中滑块 C 的速度仍为零。碰撞使连接 B、C 的细绳受扰动而突然断开，弹簧伸展，从而使 C 与 A、B 分离，滑块 C 脱离弹簧后以速度 $v_c=2.0$ m/s 滑上传送带，并从右端滑落至地面上的 P 点。已知滑块 C 与传送带之间的动摩擦因数 $\mu=0.2$，$g=10$ m/s^2。求：

（1）滑块 C 从传送带右端滑出时的速度大小。

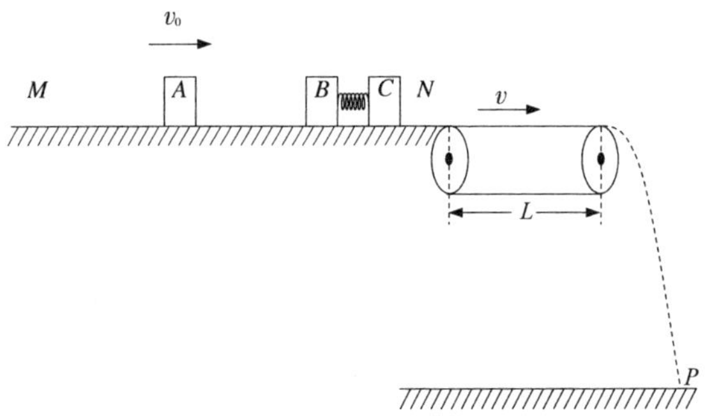

图 28

（2）滑块 B、C 用细绳相连时弹簧的最大弹性势能 E_p。

（3）若每次实验开始时弹簧的压缩情况相同，要使滑块 C 总能落至 P 点，则滑块 A 与滑块 B 碰撞前的最大速度 v_m 是多少？

思路：组合拆分—模型对比—模型关联—临界讨论—规律应用。

通过分析，本综合题可拆分为三个基本模型（如图 29），分别是弹簧模型、传送带模型、平抛运动模型。再将拆分出的模型与已有模型进行快速的对比、校正，在近乎跳跃性的思维活动中，寻找关联和解题的突破口。

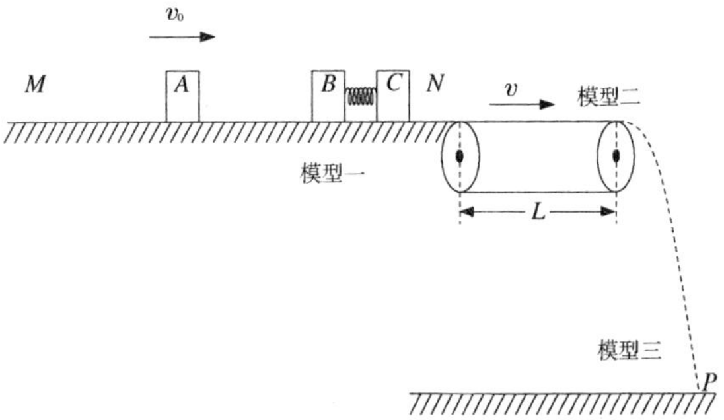

图 29

本题滑块 A 和 B 做完全非弹性碰撞后粘在一起，动量守恒；滑块 A、B 和 C 发生完全弹性碰撞时，动量守恒，动能守恒；滑块 C 滑上传送带后，若 $v_C < v$ 时，C 做匀加速直线运动，若 $v_C = v$ 时，C 做匀速直线运动，若 $v_C > v$ 时，C 做匀减速直线运动；滑块 C 离开传送带后做平抛运动。

解答：（1）滑块 C 滑上传送带后做匀加速直线运动，设达到共速 v 时，时间为 t，位移为 x，则根据牛顿第二定律和运动学公式有：

$\mu mg = ma$　　①

$v^2 - v_c^2 = 2ax$　　②

联立①②得：$x = 1.25\ \mathrm{m} < L$，即滑块 C 先加速后匀速，并从右端滑出，滑出的速度为 $v = 3.0\ \mathrm{m/s}$。

（2）设 A、B 碰撞后的速度为 v_1，A、B 与 C 分离时的速度为 v_2，根据动量守恒定律有：

$mv_0 = 2mv_1$　　③

$2mv_1 = 2mv_2 + mv_c$　　④

根据能量守恒定律得：$E_p + \frac{1}{2} \times 2mv_1^2 = \frac{1}{2} \times 2mv_2^2 + \frac{1}{2}mv_c^2$　　⑤

联立③④⑤解得：$E_p = 1.0\ \mathrm{J}$。　　⑥

（3）在题中条件下，若滑块 A 在碰撞前速度有最大值 v_m，则碰撞后滑块 C 的速度有最大值 v_{cm}，它减速运动到传送带右端时，速度应当恰好等于传送带的速度 v。设 A 与 B 碰撞后的速度为 v_{AB1}，分离后 A 与 B 的速度为 v_{AB2}，滑块 C 的速度为 v_{cm}，由能量守恒定律和动量守恒定律得：

$mv_m = 2mv_{AB1}$　　⑦

$2mv_{AB1} = mv_{cm} + 2mv_{AB2}$　　⑧

$E_p + \frac{1}{2} \times 2mv_{AB1}^2 = \frac{1}{2} \times 2mv_{AB2}^2 + \frac{1}{2}mv_{cm}^2$　　⑨

根据运动学公式有：$v^2 - v_{cm}^2 = -2aL$　　⑩

由以上式子联立求解得：$v_m = 7.1\ \mathrm{m/s}$。

通过对上述两题的认真分析，归纳出求解力学综合计算题的技巧是：组合模型巧拆分，化繁为简速审题；模型对比巧校正，知识迁移速思维；模型之间巧关联，临界讨论求突破；模型规律巧应用，规范表达巧解题。

参考文献

1. 曾永志．“学习迁移方法”在物理教学中的应用［J］．福建轻纺，2015（05）．

2. 宋永生．迁移原理在中学物理教学中的应用研究［D］．开封：河南大学，2014.

3. 付奎．迁移理论在物理教学中的应用探索［J］．陕西教育（高教版），2011（7－8）．

4. 王华丽，卢梦克．论迁移理论在物理教学中的应用［J］．教学与管理，2010（27）．

5. 杜云歌．“迁移规律”在物理教学中的应用［J］．咸阳师范专科学校学报，2000（06）．

6. 陈建新．课改走向深入后的高中物理探究式教学之探究［J］．中学物理（高中版），2013（7）．

7. 邢加良．学案诱导探究物理课堂教学模式的理论与实践研究［D］．济南：山东师范大学，2007.

8. 厚宇德著．物理文化与物理学史［M］．成都：西南交通大学出版社，2004.

9. 李艳平，申先甲．物理学史教程［M］．北京：科学出版社，2003.

10. 陈欢，刘少华．高中物理教学中新课导入的方法［J］．青年与社会（下），2013（5）．

11. 史秋波．高中物理教学中新课导入的艺术［J］．河南教育（基教版），2015（10）．

12. 陈凌云．浅析高中物理教学新课导入的技巧［J］．教育教学论坛，2012（1）．

13. 王湛．巩固成果、开拓进取，深入开展基础教育课程改革的实验与推广工作——在全国基础教育课程改革实验工作座谈会上的讲话［J］．异步教学研究，2004（4）．

14. 靳玉乐．探究教学论［M］．重庆：西南师范大学出版社，2001.

15. 陶洪．物理实验论［M］．南宁：广西教育出版社，1996.

16. 张永娟．浅谈中学物理三种水平的探究性实验［J］．现代物理知识，2004（04）．

17. 吴建军．论探究性实验教学改革［J］．辽宁高职学报.2004（3）．

18. 吴建军．探究性实验教学设计［J］．沈阳师范大学学报（自然科学版），2004（2）．

19.（法）保罗・朗格让著．终身教育导论［M］．滕星等译．北京：华夏出版社，1988.

20. 李尚仁．高中物理课程标准教师读本［M］．武汉：华中师范大学出版社.2003.

21. 周涵．信息化时代下高职院校文科类专业教师创意教学法之应用探索［J］．职业教育（下旬），2015（8）．

22. 曹娜．新型课堂教学模式——创意教学法探析［J］．天中学刊，2013（4）．

23. 臧霜．创意教学法的内涵刍议［J］．课程教育研究，2013（30）．

24. 刘鹏．创意教学法初探［J］．世界教育信息，1999（12）．

25. 刘惠．创意教学的理念与实践探讨［J］．天津教育，2012（03）．

26. 李蓉，周维柏．混合式创意教学法在VB程序设计中的应用［J］．计算机时代，2014（4）．

27. 柴红，曹磊．创意教学法在建筑识图与构造教学中的应用［J］．黄河水利职业技术学院学报，2015（4）．